New Life

New Life

神奇的西瓦心靈圓夢術

The Silva Mind Control Method

荷西・西瓦 Jose ́Silva
菲利浦・米勒 Philip Miele/著
陳師蘭/譯

30年
經典版

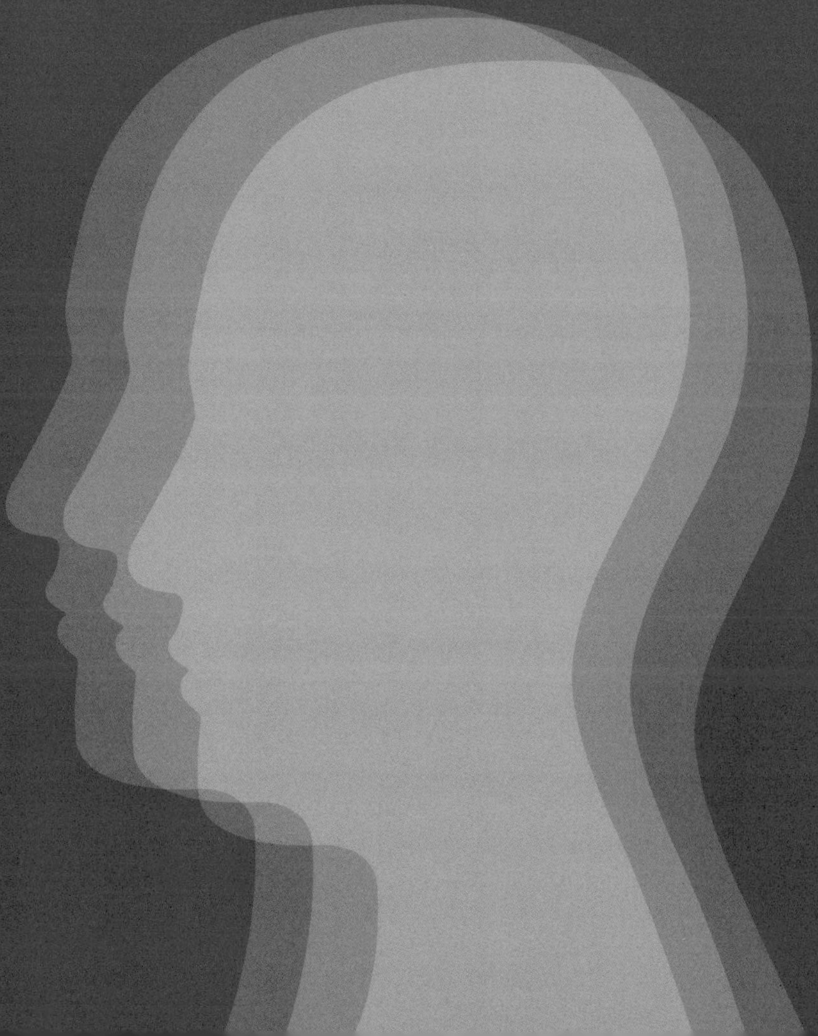

New Life22 神奇的西瓦心靈圓夢術（30年經典版）

原著書名 The Silva Mind Control Method
作　　者 荷西・西瓦（José Silva）、菲利浦・米勒（Philip Miele）
譯　　者 陳師蘭
美術編輯 李緹瀅
主　　編 高煜婷、劉信宏
總 編 輯 林許文二

出　　版 柿子文化事業有限公司
地　　址 11677臺北市羅斯福路五段158號2樓
業務專線 （02）89314903#15
讀者專線 （02）89314903#9
傳　　真 （02）29319207
郵撥帳號 19822651柿子文化事業有限公司
投稿信箱 editor@persimmonbooks.com.tw
服務信箱 service@persimmonbooks.com.tw

初版一刷 2015年09月
二版一刷 2021年11月
定　　價 新臺幣360元
I S B N 978-986-5496-31-9

業務行政 鄭淑娟、陳顯中

國家圖書館出版品預行編目(CIP)資料

神奇的西瓦心靈圓夢術（30年經典版）／荷西・西瓦（José Silva），菲利浦・米勒（Philip Miele）著；陳師蘭譯. --二版. --臺北市：柿子文化，2021.11
面；　公分. --（New life；22）
譯自：The Silva Mind Control Method

ISBN 978-986-5496-31-9（平裝）
1.超心理學 2.心靈學

175.9　　110011285

專家好評
Review

這是我一生中最奇特的經歷！那晚我走在回家的路上，正煩惱房租付不出來，突然，有個聲音說「天地一沙鷗」（Jonathan Livingston Seagull），但根本沒人在那裡，我完全不曉得那是什麼意思。然而，當我回到家，一隻沙鷗獨自飛行的畫面就這樣在我腦海出現了！於是我開始下筆……我僅僅是寫下我看到的。

——李察・巴哈，暢銷書《天地一沙鷗》作者（《哈潑時尚》專訪）

西瓦心靈圓夢術是我在人類潛能開發領域所遇過最博大精深的方法之一。

——傑克・坎菲爾，暢銷書《心靈雞湯》作者、《祕密》作者群之一

任何一本書封上寫著作者為荷西・西瓦的書，哪怕從來沒看過，我都願意投它一票。閱讀的時候，別忘記用筆在書上畫上重點喔！

——韋恩・戴爾，暢銷書《鑽出牛角尖》作者

這是最有力的一項工具，我一定會極力讓我的病人們使用它們。

——奧・卡爾・西蒙頓，提倡觀想療法的美國癌症學專家、「西蒙頓研究所」創辦人

西瓦國際機構中所教授的許多方法都能夠刺激我們的基因，使其在大腦中獲得表達，從而緩解生理和心理壓力，增強人體的免疫機能。對於這一個發現，我充滿信心。

——馬克・羅伯特・瓦爾德曼，著名神經科學家、《改變大腦的靈性力量》作者

這是能夠挖掘到知識和智慧的無窮寶庫……

——夏克提・高文，暢銷書《創造性的觀想》、《生命原是無限燦爛》作者

懂得阿法波（潛意識）的運作法則，你的世界將充滿無限可能。近年來，我從企劃主任平行跨越作家、塔羅牌占卜師、電臺主持人、演講、專欄作家、瑜伽老師等身分，能有多重人生經歷，撰寫不同的人生劇本，就是因為熟練潛意識的心靈操練。

西瓦的心靈圓夢術將阿法波有系統地編列成一套訓練法，就是希望你也與我們一樣，善用心靈力量重組嶄新的命運藍圖……。

——宇色，靈修暨塔羅作家、《靈驗2．我在人間發現拜拜真正的力量》作者

《神奇的西瓦心靈圓夢術》是協助你透過「務實的冥想」達成夢想的工具書。西瓦心靈術相關叢書一直是我傳授心想事成課程時的重要課外讀物，我們的主觀意識常常成為阻礙夢想來到的根源，忘記了我們應該活在當下，而我，最喜歡在課程中導引學員移除舊信念，這個技巧就是——潛入阿法波進行信念改造的「西瓦心靈圓夢術」。

記住，本書不能只拿來閱讀，裡頭有許多練習步驟可以幫助你實際操作！善用這本書，讓生活神奇般的順心又如意！

——安一心，「華人網路心靈電臺」共同創辦人

許多科學研究都證實，規律靜坐冥想者更能感受到存在的喜悅、更能面對與處理壓力、在生活和工作中更有專注力、睡得更好、更能覺察自己的負面限制與改變、更有創意，也更能連結潛意識、感受當下的美好……，這讓愈來愈多人將冥想視為與運動、健康飲食同等重要。透過本書，讀者將能簡單且按部就班地學會一套特別且行之有年的冥想方法，得到上述好處。我要特別提醒的是，我們都知道正面思考的力量，但也要「接納」負面有它存在的意義，如此才更能創造「美麗的巧合」。請用無為、接納與愛面對當下一切，捨去得失心，專注於過程，運用西瓦心靈圓夢術讓我們更有創造力地解決生活難題，實現人生夢想。

——林星泓，「心靈吧台」身心靈線上教育網站創辦人

Part 3 西瓦心靈圓夢術的神奇實例

附錄

導讀
Introduction

你即將展開的，是徹底改變生命的大探險。你所達到的每項成果，都將改變你對自己、對這個你所生所長的世界的看法。你的新能力將帶來新的責任，依照心靈圓夢術的說法，**你得運用它們去改善人類的福祉，否則你不能使用它們**，你很快就會學到這點。

一個西部大城的都市計畫員關上了他的辦公室大門，把他的祕書單獨留在辦公桌前發愁。他們為一座購物中心繪製的提案設計圖不見了，而他們已經跟市府官員約好要在當週稍晚進行一場決定性的會議。這份工作很可能告吹，但是面對這個會令其他上司氣到開除祕書的風暴，這位計畫員看起來卻幾乎完全沒受到什麼影響！

他坐在辦公桌前，不一會兒就閉上雙眼，進入穩定而沉靜的狀態——任何人都會認為他正試圖讓自己在大難臨頭之際保持鎮定。

十分鐘之後，他睜開雙眼，慢慢地站起來，走到外頭去找他的祕書。

「我想我找到它們了。」他平靜地說，「查一下我上週四的消費記錄，那時我人在哈特福（Hartford），看看我那天是在哪家餐廳吃晚餐。」

然後他打電話去那家餐廳，並確認到那些設計圖就在那兒。

這位都市計畫員曾經接受過西瓦心靈圓夢術的訓練，喚醒了大部分人都未開發的心靈天賦。他學到的其中一個能力，就是喚回那些已經被貯存深埋的回憶，一般沒有受過訓練的心靈是無法找到它們的。

這些被喚醒的天賦，正在為曾上過這堂課程的逾六百萬男男女女（這是官網二〇一三年的數字，一九七七年原文書寫的是五十多萬人）創造各種不可思議的驚奇事蹟。

在那位都市計畫員靜坐的十分鐘裡，他到底做了什麼？一份來自另一位心靈圓夢術學成者的報導，提供了一個暗示：

昨天我在百慕達群島上有一段難以置信的經歷，當時，只剩兩個小時就要搭機回紐約了，可是我卻到處都找不到機票。加上我總共有三個人花了整整一個小時搜查我所住的公寓，我找了所有地方，包括地毯底下跟冰箱後頭，我甚至打開行李箱翻出全部家當又再裝回去，來回搞了三次，但連張機票的影子都沒看到。最後，我決定給自己找個安靜的角落「進入我的層次」（心靈圓夢術的術語，指不靠藥物或生物回饋儀器進入阿法腦波層）。很快的，我就到達我的深層意識，然後看到了我的機票，清楚得像是我真的盯著它似的。根據我的「境界視野（Level Sight）」，它就塞在衣櫃底部的幾本書中間，幾乎完全看不到。我立刻衝到衣櫃翻找，機票果真就在那兒，如同我的想像所現。

對於那些不曾受過心靈圓夢術訓練的人，這聽起來簡直不可思議，但等你讀到心靈圓夢術的創立者——荷西・西瓦所寫的章節（第三至十六章），你對自己心靈的驚人力量將會有更多了解。其中最令你驚異的，或許是它**學起來是多麼的簡單快速**。

西瓦先生將他的大半生命都奉獻於研究心靈在經過訓練後能發揮到什麼程度，這些研究成果濃縮為一門四十到四十八小時的課程：能訓練任何人回憶起看似已遺忘的事物；能控制疼痛，加速療癒；能甩掉糟糕的習慣；能激發直覺，讓第六感成為每日生活中一份充滿創造力且能解決問題的力量……。隨著這一切而來的，是一種令人狂喜的內在平靜，是一份寧靜的樂觀信念——而這一切，都奠基於你親身實證了：**我們對自身生命所能掌控的程度，遠超乎我們所能想像。**

現在，史無前例的，你能透過書本文字來學習運用這門課程中所教的大部分內容。西瓦先生毫無拘泥地借用了大量東、西方思想，但最終萃取出的，卻是純然美國式的產物。就像它講究實效的創始人一樣，這門課程完全全實際可行。他所教導的每一件事，都是精心設計來幫助你活得更快樂、更有活力、更有效率——就在此時此地，就在當下！

當你跟著西瓦先生所寫的章節，開始按著程序進行一個接著一個的練習時，將會累積一個又一個成功經驗，讓你從內心升起強烈的信心，相信自己一定能達到最後的成果——即使現在的你對心靈圓夢術一無所知，並且認為那是不可能的無稽之談。然而，我們確實握有科學證據，可以證明你的心靈絕對有能力創造奇蹟；除此之外，我們還有**超過六百萬個成功案例**，這些人的生命都因為心靈圓夢術而改變了！

試著想像一下，你可以利用自己的心靈力量來改善視力：

> 在上西瓦心靈圓夢課程的第一堂課時，我注意到自己的雙眼開始改變，它們似乎更強健了！在這之前，我的童年有十年的時間都戴著眼鏡（直到脫離學生生涯），然後在三十八歲時再度掛上眼鏡，每次檢查，我的左眼總是被診斷：比右眼虛弱三倍之多。
>
> 我的第一副眼鏡是在一九四五年配戴的，那是一副閱讀眼鏡，但是到了

一九四八、一九四九年，我開始戴多焦鏡片——矯正度數永遠是愈來愈高。在上了這堂課程之後，雖然閱讀時還是得戴上眼鏡，但我的雙眼絕對變得強健了！它們變化的速度是如此快速，以至於我得盡量延後去做視力檢查的時間（因為不想太常換眼鏡），我的視力甚至回復到戴二十歲時戴的眼鏡就夠了，而驗光師在檢查了我的視力後，也同意在新鏡片做好之前，戴二十歲戴的舊眼鏡效果會好得多。

對現在的你來說，這聽起來可能已經是天方夜譚了，但你讀到第十章時將會更確切地看到，那些學成者如何把心靈力量運用在自己身上，以加速人類天生擁有的自癒力。更棒的是，這些技巧簡單得令人嘖嘖稱奇，就如同這位四個月內甩掉十二公斤肥肉的婦女：

一開始我想像一個黑色的框框，然後看到一張桌子上擺滿了冰淇淋、蛋糕等所有會讓體重計破表的美食，我於是對著那張桌子畫了一個大大的紅色叉叉。然後，我又看到自己站在一面鏡子前，鏡中的我看起來又寬又胖，就像哈哈鏡映照出來的那樣。接下來，我開始想像一個被金色光芒包圍的場景：一張桌子，上頭擺滿所有高蛋白的食物——鮪魚、雞蛋、瘦肉等，我對著這個場景打了一個大大的金色勾勾，並且看到自己站在一面鏡子前，鏡中的我非常高瘦苗條。

我在內心告訴自己，我只渴望那些放在「蛋白質桌」上的食物。我聽到所有的朋友都說我看起來有多麼的美好，並且看到這一切都在一個特定的日子裡發生（這是最重要的一個階段，因為我為自己設了一個目標）。我做到了！身為一個「資深」減肥者，我發現這是唯一有效的方法！

這就是心靈圓夢術——進入一個深層的靜坐冥想境界。在那兒，你可以訓練自己的心靈並取得主控權：用「心靈影像」本身的語言搭配你的話語來加強力量，就能達到一次比一次更驚人的成果。對於那些持續不斷練習的人來說，成就是沒有止境的。

如你所見，這不是一本普通的書。一開始，它會以非常簡單的步驟帶領你靜坐冥想，然後教你以各種不同的方法來運用這種靜坐冥想的力量，在學成了最後一步以後，**你就能做到一般人們堅信不可能做到的事。**

這是一本「書中書」，外層的書包含了由菲利浦•米勒所寫的第一、二章，以及十七到二十章描述心靈圓夢術爆發性的發展過程和它如何造福成千上萬的學成者。而在內層的書當中，西瓦先生將與你分享許多心靈圓夢課程中所教導的方法技巧。

由於心靈圓夢課程會有經驗豐富的講師帶領團體學習，因此，比起你自己一個人獨自摸索，他們的成果會展現得更快、更顯著，然而，只要你小心謹慎地跟著西瓦先生的指示，腳踏實地的照表操練，結果一定會讓你的生命變得更好——雖然會慢一些，但是成果肯定是一樣的！

讀這本書有一個特別的方法和步驟：

(1)就像讀任何一本書一樣，請依循從頭到尾的順序讀過，但要注意：**在第一次閱讀時，先不要做任何一種練習。**

(2)重複閱讀第三到第十四章，讓自己對即將踏上的旅程道路有更清楚、更全面的畫面。

(3)讀第三章，並開始做該章節所教的練習——**就只做那些**。先持續練習個幾週，當你確定自己已經準備好了，才繼續進行到第四章，以此類推。

(4)當你練習到第十四章，對於那些心靈圓夢術的學成者所學到的種種內容，你已經非常熟練上手了。如果此時想更進一步豐富自己的經驗，你可能會想和同樣練習這些課程的朋友共同組織一個小團體，而第十三章會告訴你該如何進行。

Part 1

西瓦
和
他的心靈圓夢課程

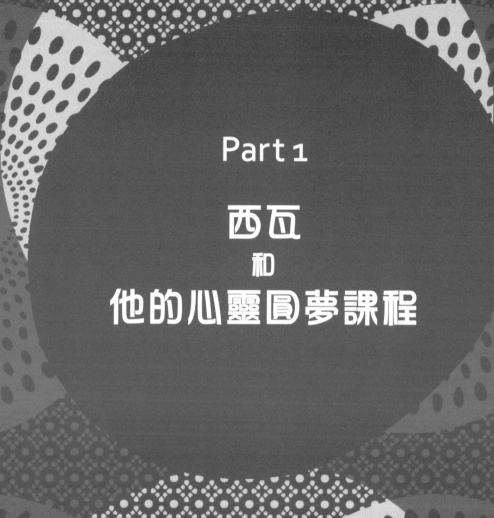

1

善用你的心靈

任何事都是可能的

已經有超過六百萬人都感受過，
並運用這全新的力量，
讓生命更豐富、更健康、更無憂無慮。

試著想像與一個無所不在的高層智慧（高靈）進行直接而有效的接觸，並且隨時隨地都能在靈性的喜悅時刻中學習。再想想看，你明明就感覺到有某種東西存在——一種真正有用的智慧、在你需要時閃現的直覺、某種充滿愛與力量的存在——卻總是無法真正碰觸到它，然而，這種茫然無助的感覺不會再出現了，而且你會以非常簡單的方式打開這種接觸……，那又會是什麼樣的感覺呢？

老實說，那和登山攻頂的感覺沒有太大的不同——也許從精神上的敬畏來看，根本完全一模一樣！這就是你在接受西瓦心靈圓夢術訓練僅僅四天之後，將會體會到的感覺。到目前為止，已經有超過六百萬人都經歷過這種感受。當人們愈來愈習慣運用能讓他們產生這種感覺的方法，就能把心安頓下來，平靜且自信地使用這全新的力量與能量，讓生命更豐富、更健康、更無憂無慮。

打開你的第一課

你很快就會讀到荷西．西瓦對其中一些方法的解釋說明，然後可以自己開始練習使用它們。現在，我們先來快速地瀏覽一下心靈圓夢課程的第一課，看看會發生什麼事情。

一開始，會有一堂大約一小時又二十分鐘的介紹課程，這堂課會詳細介紹心靈圓夢術，並略述這二十年來（至二〇一五年，已五十多年）引領其發展的相關研究。然後講師會開始簡短描述一些學員可以運用所學增進健康、解決日常問題、讓學習更輕鬆並深化心靈內覺體驗的方法。

接著，會休息二十分鐘。一般來說，在休息的咖啡時間過後，學員們彼此之間會更加熟稔，他們有著各式各樣完全不同的背景，醫師、祕書、老師、計程車司機、家庭主婦、高中和大學學生、精神科醫師、宗教領袖、退休人士——簡直是典型的大雜燴團體！

休息時間之後，是另一堂一小時又二十分鐘的講習，前面會先有一段問答時間，接著就進入正題，開始第一個訓練習題，它將帶領學員們進入心靈的靜坐冥想層次。講師會解釋這是一種深層的放鬆狀態，比睡眠時還要更放鬆，但卻仍保有一種特殊的醒覺。事實上，它是一種覺知意識的變形狀態，幾乎所有的靜坐冥想訓練和密集祈禱都會用到它。

整個過程中完全不使用任何藥物或生物回饋器材，心靈圓夢術的講師稱進入這種狀態為「到達你的層次」或所謂的「進入阿法腦波層」。在一段三十分鐘的練習裡，他們會以極簡單的英語給予指示，輕柔地帶領學員們到達那個狀態。事實上，所有的心靈圓夢課程都是以簡單的英語進行，沒有任何科學術語，或是遙遠的亞洲語言。

有一些學員可能在上這堂課之前已經學過靜坐冥想，有些需要好幾週的學習時間，有些則需要個把月才能看出成果，所以對於短短三十分鐘的簡單練習就能達到深層平靜，他們都感到非常驚訝。

學員們在這裡聽到的第一件事就是：「你正在學習將你的大腦使用得更加透澈，並且以一種十分特別的方式去運用它。」

他們聽到的就是這麼簡單的一句話，並且在一開始就將之內化於心底。它真正的意思不外乎就是「放空」，每個人——絕無例外——每個人都有一個可以輕易訓練的心靈，能學會使用某些初學者必然會懷疑自己擁有的力量。只有當他們實際體驗過這些力量，才會真正相信它們真的存在。

學員們會聽到的另一件事是：在內心將自己投射到完美的放鬆境界——這是一種令人愉悅的、平靜的、充滿蓬勃生氣的練習，不但能強化想像力，同時也能引領人們進入更深層的放鬆境界。

不一樣的靜坐冥想

關於「靜坐冥想」，有一句話是這麼說的：「以日常用語來說，就是把事情徹底想清楚。」如果你現在暫時把這本書放到一邊，開始思考明天晚餐要吃什麼，那麼你就是在靜坐冥想了。

然而，在其他各種不同的學派課程中，這個詞卻有更特定的意義，專指一種特殊的心靈層次。在某些學派裡，到達這樣的心靈層次——將全部的意識思考從腦中清除——就是靜坐冥想的終極目標。這個層次會讓人產生一種愉悅的寧靜，是一段邁向輕安（進入禪定前身心都得到安樂）的長路，並且如無數研究所證實的，能預防緩解許多因壓力而導致的疾病。

不過，這只是消極被動的靜坐，心靈圓夢術所達的境界遠遠超過這樣，它教導學員們運用這個層次的心靈去解決問題，縮減微小煩惱和沉重苦惱。這是積極有力的靜坐，它的力量也絕對是非常驚人壯觀的。

進入更深的心靈層次

現在，我們已經愈來愈常聽到阿法波（Alpha），它是一種腦波模式，一種由腦部產生的電能，可以透過腦波儀（ＥＥＧ）來測得，測量單位是ＣＰＳ（每秒的週期，週／秒）。一般來說，每秒顫動十四次以上的稱貝塔波（Beta），七到十四次的是阿法波，四到七次的稱為希塔波（Theta），四以下的叫戴爾他波（Delta）。

- 當你處於完全清醒狀態，在日常生活現實世界中工作活動時，你的腦部就處於貝塔波狀態中，或用心靈圓夢術的術語來稱它──「外層意識」。
- 你在發呆做白日夢、將睡未睡之際，甚或睡醒但沒完全清醒時，就是處於阿法波狀態中，在心靈圓夢術裡則稱為「內在意識」。
- 睡著時，你可以是在阿法、希塔或戴爾他層，而非一般認為的只停留在阿法層。

透過心靈圓夢術的訓練，你可以隨心所欲進入阿法波，同時還保有完全清醒的意識。

淋漓盡致運用你的心靈

你可能會好奇，處在這些不同的心靈層次裡會是什麼樣的感覺。

在貝塔波，也就是完全清醒的狀態下，你不會有任何特別的感覺——你可能會感到自信或恐懼、忙碌或清閒、專注或厭煩，但在貝塔波裡本來就有這些無窮無盡的感覺！

對大部分的人來說，在更深的心靈層次中能感受到的反而並不多，這是因為生命教導他們在貝塔中活動運作，而不是阿法或希塔。所以說，在這些深層意識中，他們大部分只能發呆、睡覺或處於睡眠邊緣。然而，透過心靈圓夢術的訓練，有助益的可能性會無止境的增加。就像「西瓦心靈圓夢」的副總監哈利‧麥克奈特（Harry McKnight）所寫的：「就像貝塔一樣，阿法波的領域裡也有一套完整的感覺意識系統。」換句話說，我們在阿法階層所能做的事，會比在貝塔層裡有更大的不同。

這就是心靈圓夢術的關鍵概念。一旦你了解熟練了這些感覺意識系統，並且學會如何去使用它們，就可以用一種特別的方式將心靈運用得更淋漓盡致。任何時候，只要你想，就可以在心靈上運作執行，**與高層智慧接上線**。

喚醒更多內在的力量

許多人發現，心靈圓夢術可以是一種放鬆方式，能治療失眠、緩解頭痛，或是做到一些需要高度意志力才能達成的事，例如戒菸、減肥、增進記憶和更有效率的學習。這是大多數人們來到這裡的原因，而他們學到的，可比這多得太多了！

人們所了解的人類五感——觸覺、味覺、嗅覺、聽覺與視覺，只是與生俱來的覺知能力的一部分，除此之外，我們其實還有其他的能力，不論你叫它們「覺知」，還是「力量」。曾經，這種能力只有天賦異稟的少數人和花費畢生精力從現實世界中將它們開發出來的神祕主義者知道，如今，心靈圓夢術的任務就是訓練我們將這些力量喚醒。

關於這種覺醒所代表的意義，《摩登雜誌》（Mademoiselle，二〇〇一年十一月已停刊）的美女編輯娜丹・柏汀（Nadine Bertin）在一九七二年三月號的發刊中，做了很好的詮釋：

「藥物文化有它們擴展心靈的藥丸、藥粉或注射劑，但我會選擇更直接的方法——**心靈圓夢術絕對可以拓展你的心靈**，它會教導你如何去拓展，而且它完全名符其實，因為它不會像藥物或催眠一樣讓你失去意識，你絕對是**在自己的控制之中**！透過心靈圓夢術來拓展心靈、自我覺知並幫助他人，是沒有極限的，除非你自己限制了自己。**任何事都是可能的！**你可能聽過它發生在別人身上，但突然間，你會發現，它就在你自己身上實現。」

2

心智訓練師——西瓦

改變六百萬人生命的平凡人

他從沒上過學，
卻開發出史上第一個有效方法，
成功的訓練任何人使用「超感應力」！

一九一四年八月十一日，荷西・西瓦誕生於德州拉雷多市（Laredo）。父親在他四歲的時候就過世了，他母親很快地再嫁，他和姊姊、弟弟因而搬去跟祖母同住。兩年後，他成為家裡的經濟主力，靠著賣報紙、擦鞋和打零工負擔起全家的生計。每晚他都看著姊姊和弟弟寫功課，他們則會教他讀寫。他這輩子從來沒進過學校——除非是去授課！

精神病醫師的「蠢問題」

荷西脫離貧窮的契機，是在某一天的理髮店裡，那時他正排隊等理髮，隨手拿起一份刊物來讀，結果那是一份教人如何修理收音機的函授課程教材。於是，荷西向理髮店老闆借閱這份教材，但理髮師說只能租不能借，而且還附帶條件：荷西必須完成教材背後的試題——

以理髮師的名字寄出。就這樣，荷西每週付理髮師一塊錢閱讀那份教材，並且完成了所有的試題。

沒有多久，理髮店裡就掛起了一張執照證書，而住在城鎮另一頭的荷西則以十五歲的年紀開始修理收音機。幾年後，他的修理工作成為當地最大的事業之一，不但能供給弟弟和姊姊學費，還為自己存下了結婚基金，最後甚至攢下約五十萬美金，為他後來二十年的心靈圓夢術研究提供了資金。

另一個擁有執照證書的人（他的證書當然比那個理髮師更實在些）無意間點燃了荷西的探索，他是一位精神病醫師，工作是向那些在二戰時被甄選為通信兵的人們問一些問題。

「你會尿床嗎？」

荷西驚訝得說不出話來。

「你喜歡女人嗎？」

身為三個孩子的爸爸（未來的某一天還成了十個孩子的爸），荷西完全嚇傻了。「毫無疑問的，這個人對人類心靈的了解，絕對比那個理髮師對收音機的理解要多得多，」他想，「那他為什麼會問這種蠢問題？」

正是這個令人費解的瞬間，開啟了荷西在科學研究的漫長探索，讓他成為那個時代中最具創造力的學者之一——沒有任何的執照或證書。

透過閱讀知名哲學家的作品，佛洛伊德、榮格和阿德勒成為他最早期的老師。那些蠢問題其實深藏著更深的意涵，而很快的，荷西就準備好要提出他自己的第一個問題：有沒有可能利用催眠來增進一個人的學習能力——或者應該說，提高他的智商（ＩＱ）？在那個年代，人們相信智商高低是我們生來就決定好了的，但荷西可不這麼想。

然而，這個問題還得再等等，因為他當時正在學習高等電子學，好讓自己能成為通信營裡的指導講師。等到他退役時，因為節儉度日，他口袋裡已攢了兩百塊美金，於是他開始慢慢地重建事業。同一時間，他也在拉雷多專科學校裡兼了一個半日的教職工作，管理另外三個老師，並且協助學校建立電子實驗室。

五年後，荷西的修理事業隨著電視興起又繁榮了起來，他的修理生意再度成為城裡最大的事業，於是他終止了教職生涯。荷西每晚都工作到九點才下班，回家吃完晚餐後先幫忙送小孩上床，當整個屋子都安靜了下來，他便進行三小時的研習，這讓他更深入了解催眠。

第一個「史上第一」

對催眠的了解、電子相關知識，以及他小孩成績單上幾次慘不忍睹的紅字，將荷西帶回自己早期提出的問題：我們能不能透過某種心靈訓練來增進學習能力——也就是ＩＱ？

荷西已經知道心靈會放電，他曾經讀過本世紀早期一些展露阿法波律動的實驗，而從他的電子工作中，他也了解到，一個完美的電路必須擁有最小的阻抗（即電阻），才能將所產生的電能做最大的利用。那麼，把腦波的阻抗降低是不是也能讓大腦的工作更有效率呢？還有，腦波的阻抗能夠被降低嗎？

荷西開始利用催眠來讓他的孩子們的心安靜下來，並發現到對許多人來說顯然是矛盾的結果：當腦部活動減少時，它反而變得更有精神——當腦部震動週期降低，它能接收並儲存更多的資訊。現在，最艱難的問題是，如何讓心靈在這樣的頻率中保持醒覺，因為該頻率通常是伴隨發呆或睡眠出現，而不是現實的活動。

催眠驗證了荷西在尋找的接收能力，卻不是那種能帶領人們將事情理清楚以便了解的獨立思考。只擁有一顆裝滿記憶資訊的腦袋並不夠，你還必須有深刻的洞察和理解。

荷西很快就拋棄了催眠，開始進行心靈訓練實驗，試著**讓腦部在安靜下來的同時，還能保有比催眠時更多的獨立醒覺**。他認為這樣不只可以增進記憶，還能結合理解，如此一來，ＩＱ指數就能隨之提高。

這個後來發展為心靈圓夢術的練習，**需要放鬆的專注和活躍的心靈想像力，來協助達到更低的腦波週期**。一旦達到了，就能證明：我們在這些腦波層中能更有效率的學習——證據就是，隨著他的技巧日益高超，他的孩子們的成績在三年間展現了大幅度的進步。

至此，荷西得到了一個意義重大的「第一」——**他是證明我們在腦部處於阿法波及希塔波下，仍能清醒有效學習的第一人**，而其他許多以生物回饋機制進行的研究，也都因此得到了驗證。

第二個「史上第一」

另一個同樣令人震撼的第一，在不久後出現了。

會讀心術的女孩

一天晚上，荷西的女兒已經進入了「她的層次」（現在心靈圓夢術的術語），而荷西正對她提問課業的內容。她每回答完一個問題，他就在腦中架構下一個問題，這只是一個日常的程序，他們在之前就已經進行過數百次相同的對話了。突然間，無聲無息地，這個例行事務有了重大的改變：她回答了一個父親尚未問出口的問題！然後是下一題，再下一題——**她正在讀取他的心！**

那是一九五三年的事，當時由於杜克大學Ｊ．Ｂ．萊恩博士（Dr. J. B Rhine）發表的著作，超感應力（ＥＳＰ）剛開始在科學領域裡受到重視，於是荷西寫信給萊恩博士，跟他報告說自己成功地將女兒訓練成「他心通」（別人沒有說，就能覺察別人心裡所想的事）。然而，他卻得到了令人失望的回答，萊恩博士委婉地暗示，那女孩很可能一出生就有通靈能力。由於在訓練之前並未對女兒做任何測試，荷西無法再多做任何解釋。

在此同時，荷西的鄰居們開始注意到他的孩子們的學校課業有顯著進步，在他剛開始進行實驗時，這種對未知的追根究柢曾令他們畏而遠之，畢竟「未知」很可能是由某種最好別去碰觸的無形力量所保護。然而，這傢伙對他親生孩子所做的努力成果實在讓人無法忽視，於是鄰居們開始詢問荷西，是否也能同樣地訓練他們的孩子？

在得到萊恩博士的回覆後，這正是荷西所需要的！若他訓練一個孩子所達到的成果，也能同樣展現在其他孩子身上，就等於得到可重複的實驗結果，這正是最基本的科學方法！

六百萬人的驗證

在之後的十年間，他訓練了三十九個拉雷多孩子，成果甚至更輝煌，因為每訓練一個孩子，他的技巧就更進步一些。於是，他得到了第二個「第一」：**他開發出史上第一個有效方法，可以成功訓練任何人使用ＥＳＰ！**而且他有三十九個可重複的實驗結果以茲證明。現在，它是一個完美的方法了！

在接下來的三年裡，荷西開發出目前使用的標準訓練課程，全程只需要四十到四十八個小時——而且對成人和孩童一樣有效。到目前為止，它已通過逾六百萬個「實驗」驗證，沒有任何一個心胸開明的科學家能忽視這實驗的重複性規模。

這麼多年的長期研究經費都由荷西蒸蒸日上的電子事業支撐，沒有任何大學、基金會或政府補助願意資助這麼先進的研究領域。今天，心靈圓夢組織是一個蓬勃發展的家族事業，其收益大部分都投入更多的研究，以及支持它的快速發展。現在，**全美五十州及全球一百一十個國家裡**（此為官網資訊，原書寫三十四個國家），**都有心靈圓夢術的講師或研究中心。**

不平凡的平凡人

雖然擁有著這樣的成就，荷西卻沒有成為一個名人，或是身邊圍繞著追隨者和弟子的心靈大師或精神領袖。他還是一個過著簡單生活的平凡人，說話帶著輕輕的、幾乎失傳的美墨口音；他是個魁梧結實的男人，卻帶著隨時準備露出微笑的親切面容。

如果你問荷西，成功對他的意義是什麼，將會被一大堆的成功故事淹沒。比如說：

- 一位女士寫信給波士頓的《美國先驅報》（Herald American）求助，因為她丈夫長期為偏頭痛所苦。該報將她的信刊登了出來，隔天又登了另一篇由另一人所寫的信，一樣是尋求各方提供能控制這類頭痛的方法。一位醫師讀了這些信件，並且寫了回應。她說她這一輩子都偏頭痛，但自從她開始使用心靈圓夢術以後，就再也不曾頭痛了！「然後你相信嗎？我的下一場演講簡直是擠爆——完完全全的擠爆了！」

• 另一位醫師是一位傑出的心理醫師，他建議所有病人學習並使用心靈圓夢術，因為它能讓他們擁有內覺洞察力——在某些案例裡，這是需要兩年的治療才能自然產生的力量P180。

• 一家以合作社方式組成的純行銷公司，創始人都是心靈圓夢術的學成者，他們利用所學來發明新產品，並設計行銷它們的方法——這家公司有十八種產品上市銷售P228。

• 有一位廣告設計人，他通常需要約兩個月的時間來為新客戶開發新活動，這在他那一行裡還算正常。現在，學了心靈圓夢術後，他在二十分鐘裡就可以想到新點子的雛型，而其他的細節及工作則會在兩個星期內搞定。

• 十四個芝加哥白襪隊的棒球選手接受了心靈圓夢術的訓練，結果他們每一個人的個人平均得分都增加了，而且大部分都是突飛猛進P232。

• 一個體重過重婦女的丈夫建議她試試心靈圓夢術，因為她每一次的減肥都失敗。她說只要他也一起去，她就願意試試看。結果，她在六週內減了九公斤，而他，則成功戒了菸！

- 一位藥學院的教授在課堂上教他的學生學習心靈圓夢技巧，結果「他們讀書的時間變少，但是所有學科的分數都向上提升了，而且他們都覺得更輕鬆……其實每一個人早就都知道如何去使用他或她的想像力，我只是讓我的學生在運用上有更多的練習。我讓他們看到想像力是很有用的，而且在想像力當中，有一種真實存在的形式是他們可以運用的。」

雖然每當荷西聽到人們對他說「嘿！荷西，你改變了我的生命！」時，他都會露出輕鬆的微笑，但那抹微笑總是一下子就輕輕淡去，而荷西會說：「不！我什麼都沒做，是你做的，你自己的心做的！」

從下一章開始，就由荷西自己告訴你，**如何用你自己的心靈，去改變你的生命！**

Part 2

跟著西瓦
用心靈
改變自己的生命

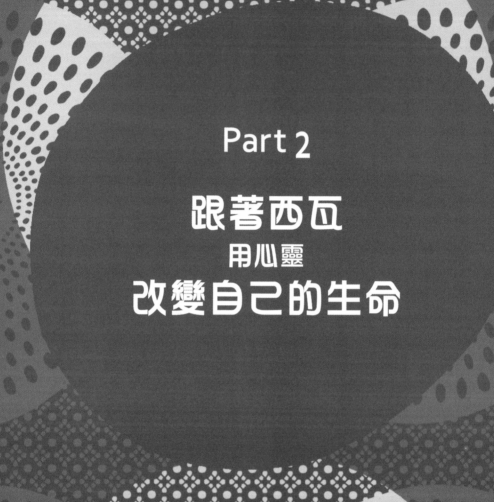

3

如何靜坐冥想

控制你太有力的大腦

從這一章開始一直到第十六章，都是由荷西・西瓦所寫，它們很可能是你所讀過的文字中最重要的，荷西會教導你關於西瓦心靈圓夢課程中的基本要素。要從荷西的章節中得到完全的效益，你得確保自己的心已經處於非常適合閱讀它們的狀態，這點在導讀中已經提過了P015。

你靜坐冥想得愈多，就可以愈深入你自己，
你將會擁有一種內在的平和寧靜——
生活中的任何事物都無法破壞它。

我現在要協助你學習靜坐冥想，學會這個技巧，你就可以到達你的心靈層次，在那兒，你可以釋放想像力去解決任何問題。不過，現在我們先只專注在靜坐冥想上，解決問題的事晚點再說。

由於你將在身邊沒有老練指導員的狀況下學習，我用的方式會跟我在心靈圓夢課程上所講的稍微不同，而且會比較慢，這樣你學起來就不會有任何困難。

即使只學了靜坐冥想就停下來，你還是可以解決問題。靜坐冥想中會出現一些美好的事物——平靜。你靜坐冥想得愈多，就愈能深入你自己，隨著你的掌控力愈來愈強，你將會擁有一種內在的平和寧靜——那平靜是如此強大，以至於生活中的任何事物都無法破壞它。

你的身體也能同時獲益。首先，你會發現：在靜坐的時候，焦慮感和內疚感會開始消失。在阿法層次的靜坐冥想裡會得到的美好事物之一，就是**你不會再將罪惡感及憤怒帶在自**

己身上。如果這些感覺來煩你，它們只會被彈出阿法層次。隨著時間過去，它們離開你的時間會愈來愈久，直到某一天，它們就一去不復返了，這表示那些會讓身體生病的心靈活動都將消失。我們的身體是為了健康而設計的，它原本就內建有自己的療癒機制，只是，這些機制因為心靈未受訓練而無法控制它們，以致停擺了。**靜坐冥想是心靈圓夢術的第一步，它本身就會一路前進，釋放身體的療癒力量，找回那些曾經浪費在緊張上的活力能量。**

進入阿法層次

要達到阿法層次（或是禪定、心靈層次），下面就你所要做的事：

練習　清晨時分的靜坐冥想

步驟1

每天早上當你醒來，先去上個廁所，然後回到床上，把你的鬧鐘調到十五分鐘後鳴響，以免你在練習中途又墜入夢鄉。

←

步驟2

閉上眼睛，將眼皮後的眼球稍微向上看，大約二十度的角度。

【重點】由於某種尚未被完全了解的原因，眼睛在這樣的角度位置特別容易觸發大腦產生阿法波。

↓

步驟3

現在，慢慢的（以大約兩秒的間隔）從一百倒數回一。當你這麼做時，要把你的心專注在數字上，這樣就能達到你生平第一次的阿法層次。

心靈圓夢課程的學員們對於他們的靜坐冥想初體驗有各種不同的反應，有人說：「那真是太美了！」有人說：「我什麼感覺都沒有。」這種感覺的差異，一開始並不是因為發生在他們身上的事有所不同，而來自於他們對這個心靈層次有多熟悉。其實每個人多多少少都對它有點熟悉，因為每天早上我們醒來時，通常都會在阿法波待一陣子；我們一定得經過阿法波，才能從睡眠狀態的希塔波，進入清醒狀態的貝塔波——**每天清晨我們進行例行的起床梳洗時，通常都是處於阿法波。**

如果你在第一次練習時沒有什麼特別的感覺，那是因為你在之前已經進入阿法波很多次了，只是你沒有特別注意到。因此，你只需放輕鬆，別質疑它，繼續練習。

你在第一次嘗試練習時若能夠專注，就能達到阿法層次，然而即使如此，你還是需要**七個禮拜的練習**，才能進入深層的阿法波，進而到達希塔波層次。因此，前十個早晨先練習從一百倒數到一，接下來的十天只要從五十開始倒數，然後是二十到一，十到一，最後是五到一，**每十天減少一級**。

從你第一次進入阿法層次開始，離開的方法都一樣，這唯一的方法能讓你自然地離開，因而達到更大效益的控制。

我們在心靈圓夢術上用的方法是這樣的——

練習　離開你的心靈層次

請在心裡說，並跟著做——「當我從一數到五的時候，將會慢慢地離開，感覺完全清醒明晰，一切都比之前更好。一……二……準備張開我的眼睛……三……張開眼睛……四……五……我的雙眼張開，完全清醒明晰，感覺一切都比之前更好。」

照這樣做，你會建立兩個固定程序，一個是進入你的層次，另一個則是離開。一旦任何一個程序改變了，你就得從新學習你自己的新模式，就像學習之前的方法一樣從頭來過，因此任意改變是沒什麼意義的。

當你可以在晨間練習當中，學會從五倒數到一即進入你的層次，那就表示你已經準備好了！接著，你可以在每天任何你喜歡的時候進入你的層次，全程只需要十到十五分鐘哦！由於你將從貝塔波——而不是淺層的阿法波——直接進入你的層次，因此還會需要一點額外的訓練。

練習　在一天中的任何時間靜坐冥想

步驟1　坐在一張舒適的椅子或床上，雙腳平放在地板上，雙手輕鬆地放在膝蓋上。如果你喜歡，也可以雙腿交叉，呈蓮花座的姿勢。

↓

步驟2　讓你的頭部維持平衡，雙眼平視，不要低頭或下垂。

↓

步驟3　現在，把心專注在身體**最低的**一個部位，然後一個部位一個部位慢慢往上，有意識地讓它們放鬆。你可以先從左腳掌開始，然後是左腿，再來是右腳掌，以此類推，直到你來到喉嚨、臉、眼睛，最後是頭皮。當你第一次這麼做時，會非常驚訝地發現——長久以來你的身體是多麼的緊繃。

步驟4 現在，把眼睛抬高約四十五度，在你所面對的天花板或牆上找一個點。請凝視著這個點，一旦你的眼皮開始感到些許沉重，就閉上雙眼，開始從五十倒數到一。

照這樣做十天，接下來十天改由十倒數到一，之後的十天從五倒數到一。由於此時已不用僅限於早上才練習，你不妨建立一個固定習慣：**每天靜坐兩到三次，每次約十五分鐘。**

加入觀想的練習

現在，你到達你的層次了，那接下來呢？你覺得該做什麼？

從一開始——進入「你的層次」的第一秒，就要開始練習「觀想」。這是心靈圓夢術的中心！你的觀想力愈好，你在控制心靈的體驗就會愈有力量。

練習 **觀想第一步——創造你的心靈螢幕**

步驟1

你要做的第一步是創造一個觀想的工具——一個心靈螢幕，它應該就像一個巨大的電影螢幕，但請先不要放上任何心靈影像。**你要想像它不是在你眼皮後面，而是在你面前大約兩公尺處。**你將會在這個螢幕上投射任何你想專注的事物，之後它還會有其他的用途。

↓

步驟2

一旦在心中建立起這個螢幕，就在上頭投射一些你熟悉且簡單的事物，例如一顆橘子。

【重點】每次你進入層次，都先只想像一件事物，每次可以變換不同的東西。

↓

步驟3

專注在你投射的東西上，試著讓它愈來愈真實——它是立體的、全彩的，以及它全身的每一處細節。**只想它，不想別的東西。**

有人說，大腦就像一隻喝醉的猴子，不管三七二十一，東倒西歪地從一件事物倒向另一件。這顯示一件令人驚訝的事：**除了偶爾為我們做一些精細工作外，我們對自身擁有的這顆**

大腦，竟然完全沒有什麼控制力！然而，在其他的時間裡，它卻在我們背後操弄，背信忘義地搞出個頭痛、發疹子，再用潰瘍來做個大結局。這顆大腦太有力了，它的力量大到離譜，以至於完全失控。然而，一旦學會用我們的心來訓練它，它就會為我們做一些驚奇的事，就像你即將看到的那樣。

在靜坐冥想期間，務必要有耐心地持續這個簡單的練習。用你的心去訓練你的大腦安靜下來，乖乖地進入阿法波，並且專注地進行想像工作：開創一個簡單的影像，然後讓它愈來愈生動、愈來愈鮮明。

在一開始，各種思緒都會進來紛擾，那就輕輕地讓它們來去，慢慢地將它們推開，然後回到手中的單一事物。**記著，焦躁或緊張只會直接把你帶離阿法狀態。**

邁開生命重要之旅的第一步

好了！這就是全世界行之有年的靜坐冥想。如果你專心致志地持續練習，就會體驗到威廉・華滋華斯（William Wordsworth，英國浪漫主義詩人，與雪萊、拜倫齊名）所說的「心靈愉悅的寧靜」，還有更好的——一種深沉而持久的內在平靜。

當你到達更深入的心靈層次時，就會感受到這令人興奮的體驗，然後你會漸漸把它看得愈來愈理所當然，於是，那興奮感會消失。當事情發展到這裡，許多人會在此放棄，他們忘記了：這不是一個為了自身利益的小旅行，而是一趟可能是**我們生命中所經歷過的最重要旅程的第一步……**。

4

有力量的靜坐冥想

讓渴望成真

只要繼續練習，你一定會體驗到：

史上第一次，

你終於成功用靜坐冥想解決問題了！

你剛剛所讀到的叫做「被動的靜坐冥想」（我希望你剛剛也體驗過了），它也可以藉由別的方式達成。除了專注在一個視覺影像上，你也可以專注在一個聲音，例如唵（OM）、萬（ONE）或阿門（AMEN），你可以大聲的念出來，也可以只在心裡發音，或者是感覺自己的呼吸；你可以專注在身體的某一個能量點上，或是在鼓聲及舞蹈的節奏上；或者你也可以一邊凝視著熟悉的宗教儀式律法，一邊聆聽鏗鏘有力的葛利果聖歌（早期的羅馬天主教宗教音樂，這些聖歌的旋律是單聲部的）……。所有這些方法及它們的一些組合運用，都可以將你帶入某種寧靜的禪定境界。

只是，我還是比較喜歡用倒數的方法帶你進入靜坐冥想層次，因為它一開始就需要一些專注，而**專注是成功的鑰匙**。一旦用這個方法到達你的層次幾次，你就會在心裡把這個方法和成功結果連結起來，這麼一來，整個程序就會愈來愈自動化。

在心靈圓夢術裡，我們把每一次的成功經驗稱為「出發點」——我們會有意無意地不斷回想這個經驗，重複它，並且從這個點繼續前進。

別停著等事情發生

一旦你到達靜坐冥想層次，光停在那兒等著什麼事情發生是不夠的。它的確是美好、寧靜的，並且對你的健康很有助益，但這些和它能做到的比起來，實在是非常微小的成就。你必須超越這種被動的靜坐冥想，訓練你的心去做有組織、機能性的活動，我認為這才是它一開始被設計的原始功能，而且結果保證讓你大吃一驚。現在正是超越被動靜坐冥想技巧的時機，我們可以開始學習機能性的運用冥想解決一些問題，而你會了解到，為何一個簡單的練習——在心靈螢幕上觀想一顆蘋果或任何你選擇的東西P045——會如此重要。

練習　主動靜坐冥想第一步——重建過去的事件

步驟1 在進入你的層次之前，先想一些昨天或今天發生的愉悅事件——不管多瑣碎微小都沒有關係。在心裡很快地將它回味一次，然後進入你的層次，將這件事從頭到尾投射到你的心靈螢幕上。

步驟2 ←
你在當時看到了什麼？它的味道和聲音是什麼樣？你的感覺又如何？所有細節都不放過。

【重點】 你將會很驚訝地發現，你對事情的貝塔記憶和阿法對它的回想竟會是如此不同。那差異之大，就好像只是用嘴巴說「游泳」這個字，和實際正在游泳的感覺那般的天差地遠。

這有什麼好重要的？

首先，這是邁向更遠大目標的墊腳石。第二，它本身就很有用。這裡有幾個你可以怎麼用它的方法：

在心裡想一些你所擁有、並未遺失但需要花點時間去找出來的東西，比如說，你的車鑰匙。它們在你的辦公桌上嗎？還是在你的口袋裡？在車子裡？如果你不是那麼確定，那麼現在就進入你的層次，回想你最後一次用它們的時候，並且仔細地重溫那一刻的情形，然後順著時間前進，你就會找到它們了——如果它們還待在你留下它們的地方的話；假使有人先拿走它們，那你要解決的就是另一種問題了，那需要更高超許多的技巧。

想想看，如果一個學生不太記得他的指導員到底是說這個禮拜三要考試，還是下個禮拜三？那麼他就可以自己在阿法層次裡搞定這個問題。

這些都是典型的日常生活小問題，靠簡單的靜坐冥想技巧都能解決。

心想事成

現在，讓我們往前飛躍一大步吧！

四大法則

我們要連結一個真實的事物，你要想像一個心中非常渴望的事物——然後看看這個想像的事物會變成怎樣。如果你能依據以下這幾個非常簡單的法則來操作，那麼這個想像出來的事物將會變成真實。

法則1 你必須非常渴望那件事發生！「我明天在街上看到的第一個人，一定正在擤鼻涕。」這種完全無用、完全不值得去執行的計畫會直接被你的心唾棄，因此很可能不會有什麼作用。你的老闆一定會欣然同意，一個固定的熟客對你銷售的東西一定會有比較高的接受度，所以只有當你搞定一個奧客，才能得到真正的滿足成就——這就是一個合理範圍的渴望能帶來的成功前景。

法則2 你必須相信這件事會成真！如果你的客人對你銷售的東西已經買了太多，你就不可能真的相信他還會再有什麼購買欲望。如果你無法相信這件事能合情合理的發生，那麼你的心就會抗拒它，然後朝反方向去運作。

法則3 你必須期待那件事發生！這是一個微妙的法則。前兩個都很簡單而且被動——第三個則帶入一些主動性。你可以渴望一件事，相信它能成真，但其實沒有真的期待它會發生。比如說你希望你老闆明天心情會很好，你也知道他可能會很愉快，但你距離期待它發生很可能仍有一段距離。這就是心靈圓夢術和有效觀想起作用的關鍵處，我們很快就會看到。

法則4 你不可能製造傷害！不是不可以，是做不到！這是一個基本的、凌駕一切的法則！「如果我能讓上司自己發生一些鳥事，讓他被炒魷魚，然後我接下他的位子，那不就太美了嗎？」當你在阿法層次裡積極運作，就是正在和高靈接觸，而從高靈的角度看來，這件事可一點都不美！你可以害你的上司出錯，讓他被解雇，但你必須完完全全靠自己來執行這件事，而且是在真實的貝塔層次裡，在阿法層次裡，這絕對不會有任何作用。

如果你試圖在靜坐冥想層次中完成某些帶有邪惡思想的計畫，絕對會徒勞無功——就像要在收音機上調到一個不存在的頻道那般不可能。有些人質疑我在這一點上太過樂觀，在我說著「阿法層次裡不可能做出任何傷害」的「鬼話」時，數千人曾經發出訕笑，直到他們自己「學」到這一點。在這個星球上，存在著數不盡的邪惡，我們人類犯下的罪遠遠超過我們對這世界的貢獻，然而，這是在貝塔層次，不是在阿法，不是在希塔，很可能也不在戴爾他，我的研究已經證實了這一點。

我從來不建議人家浪費時間，但如果你執意要親身證明這一點，那就進入你的層次，試著讓某人頭疼。如果你非常生動地觀想這個「事件」，真實到足以讓任何事成真，就會得到下面的一種或兩種結果：你自己——而非你預計的受害者——會開始頭疼，而且（或是）你會直接被踢出阿法層。

當然，這顯然並沒有回答所有你心中可能潛藏著的善惡問題，稍後還會談得更多些。

累積你的「成功經驗」

現在，選一個事件——某個問題的解決方法、你所渴望而且相信會發生的事，然後跟著下面的練習，學會真正期待它成真。

你要做的是：**選一個你正在頭痛並且尚未自己解決的真實問題**。為了讓你們更清楚了解，就假設你老闆最近脾氣有點火爆好了。首先進入你的層次，接著有三個步驟要做：

練習 運用靜坐冥想解決問題（鏡像觀想）

步驟1

在你的心靈螢幕上，仔細地重建一個最近發生、跟這個問題有關的事件，稍稍重溫一下當時的狀況。

↓

步驟2

輕輕地把這個場景**往右**推出螢幕，然後在螢幕上打上明天將會發生的另一個畫面。在這個場景中，每個圍繞在老闆身邊的人都是興高采烈的，而老闆正收到某些好消息。他的心情現在很明顯愉快許多。

【重點】如果你很明確知道造成欲解決的問題的原因，就觀想解決那個原因的方法，要非常生動真實的觀想，如同觀想該問題一樣。

↓

步驟3

現在，把這個場景也**往右**推出螢幕，從螢幕左邊帶入另一個場景：老闆現在非常開心，你覺得他能有多快樂，他就有那麼快樂。真實地感受這個畫面，**如同它已經真實發生**，在這個場景裡待一陣子，完整真切地感受它。

現在，當我從一數到五的時候，你將會完全的清明醒覺，感到比以前更好。你可以很有信心的確定，你剛剛已經運用心靈力量來為你工作，創造並導演了一件你想要的事。

那麼，這樣做一定會成功嗎？絕對不會凸搥嗎？並不是！

不過，只要你繼續練習，就一定會體驗到這件事：史上第一次，你的問題解決冥想練習的某個冥想終於成功了！只是，誰能說它不是個巧合呢？畢竟，你所選擇的事件很可能本來就會自己實現。然而，接下來會有第二次成功，然後是第三次……，「巧合」會愈積愈多。如果此時放棄心靈圓夢術的練習，巧合就會減少，一旦再次繼續練習，巧合就會再累積。

當你的技巧日漸進步，你會注意到**你可以相信並期待那些更加不可能的事**，只要繼續練習，你能達到的成果會愈來愈驚人。

選擇最好的經驗來當「出發點」

在你每次要解決問題前，先簡短的重溫之前最好的成功經驗，**當有更好的成功經驗出現時，就把之前的那個放掉，用更好的經驗當你的「出發點」**。這樣你就會變得——用一句對我們所有心靈運作者都別具豐富意涵的詞來說——「愈來愈好」。

提姆・麥斯特斯住在紐澤西的利堡（Fort Lee），他是一個兼職開計程車的大學生，利用等客人的時間進行靜坐冥想。當生意變得清淡時，他就在心靈螢幕上放了一個解決方案——有個人提著一只行李箱走過來，說他要去甘迺迪機場。「一開始我試了幾次，結果……什麼事都沒發生。然後突然間，它發生了！真的有一個人提著行李箱要去甘迺迪！下一次的靜坐冥想時，我就把這個人放在我的螢幕上，重新體驗自己讓事情成功時的那種感覺，然後另一個人來了，他也要去甘迺迪。它真的有效！感覺就好像是沒有止境的不停連勝一樣！」

在前進到下一個練習和技巧前，讓我說明一些你可能會覺得疑惑的事：為什麼我們要把心靈螢幕上的影像「由左往右」移動呢？我在此先稍做說明，晚一點會有更細節的解釋。

根據我的實驗顯示，**我們深沉的心靈層次對時間流動的體驗是由左往右前進的**P173。換句話說，未來被視為在左邊，而過去在我們的右邊——現在，「由左往右」的理由應該很容易了解了吧？不過在此之前，我們還有其他的事要做。

5

增進記憶

其實你未曾忘記

我們或許可以、或許不能回想起曾經經歷的事，
但我們總是在經歷著什麼事，
而且所有經驗都會留下回憶，
牢牢印記在腦中。

心靈圓夢術所教導的記憶術可以大幅減低我們使用電話簿的機會，而且會讓我們的朋友們大為驚歎。不過，當我想找誰的電話號碼時，看一下簿子就行了——也許真的有一些心靈圓夢術學成者用他們習得的技巧去記電話號碼，但就像我之前說過的，**「欲望」是讓事情成功的一大重要因子**，而我對記誦電話號碼的欲望並沒有那麼高昂熱切——除非每次找個電話號碼都得跨越整座城鎮，那我記誦它的欲望才會活躍起來。

把心靈圓夢技巧用在任何不重要的事情上，基本上是很靠不住的，因為我們有渴望、相信、期待這三部曲P052。只是，在我們之中，有多少人擁有能讓自己滿意的高強記憶力？如果你已經掌握了前兩章所介紹的技巧，你的記憶力可能已經在不知不覺中增進了不少。**你在阿法層次中使用的觀想、重建過去事件的新能力，一定會在貝塔中繼續存在，因**

此，不需要任何特別的努力，你的心很可能就已經在用新的方式為你服務了。不過，我們還是有很大的進步空間！

記憶夾練習

在心靈圓夢課程上，我們有一個特別的觀想練習，在這個練習裡，指導員會在一塊黑板上寫下一到三十的數字，然後學員們隨意喊出任何出現在腦中的東西，例如雪球、耳塞、溜冰鞋等，指導員會把每一項物品寫在一個數字下，然後轉身背對黑板，按照順序把那些物品背出來。接著，學員每喊出一個物品，指導員就說出它相對應的數字。

這不是一個譁眾取寵的花招，而是觀想訓練的一堂課。指導員已經記住了每個數字對應的物品，因此每一個數字都會喚起對應那個物品的相關視覺圖像，我們稱這些圖像為「記憶夾」。學員們每喊出一個字，指導員就用一些有意義或想像的方式，把這個字跟它連結到其對應數字的相關圖像結合起來，比如說：「十」的記憶夾是「腳趾」，如果有個學員在第十個數字喊出「雪球」，那麼最後出現在指導員心靈的圖像可能是一個雪球在腳趾上——這對一個受過觀想訓練的心靈來說，並不困難。

開始學習記憶夾時，學員會進入各自的層次，同時指導員會慢慢地重複念出這些圖像文字（上述例子中的「腳趾」）。之後，當學員回到貝塔意識中試著回憶它們時，就會變得比較簡單，因為每個字看起來都很熟悉。在這本書裡，我必須省略掉記憶夾的部分，因為要在這裡學會它們所需的時間和篇幅都太多了。

不過別擔心，你已經具有很強力的技巧，可以同時增進你的觀想能力和記憶力，那就是「心靈螢幕」P045。

所有你認為已經遺忘的事物都和某個事件有關，若那是一個名字，相關事件就是你聽到或讀到那名字的那一刻。因此，一旦你學會與心靈螢幕共事，你需要做的就是圍繞著那件你相信已經忘記的事物，請觀想一個與它相關的過去事件P050，你會發現它就在那兒。

我之所以會說「那件你『認為』已經忘記的事物」，是因為**事實上你一點也沒有忘記它，你只是想不起來而已**——這兩者之間有著很顯著的差異。

關於記憶和回想之間的差異，這個充滿行銷廣告的世界可以為我們提供一個非常熟悉的圖像。我們都會看電視廣告，它們是那麼多又那麼短，以至於如果有人要求我們列出五個或十個過去一週內看過的廣告，我們頂多只能說出三到四個。

這是因為廣告促發銷售的主要方式，是讓我們在覺醒層次之外去「記得」某個產品。

我們是否真的曾經遺忘過任何事？這點很值得懷疑。我們的腦會自動把最沒用的事件影像封存起來，相反的，愈是鮮明的影像、對我們愈重要的事，我們就愈容易記起它。

在手術過程之中，以電極輕輕觸碰因為切開顱骨而裸露出來的大腦，將會觸發某個「遺忘」已久的事件，包括它所有的細節：當時的聲音、氣味和景象都如此鮮明生動，幾乎是真實的體驗。當然，在這裡被碰觸的是腦，而不是心靈。大腦為病人的覺醒所提供的這種極度真實的倒敘畫面，對病人來說，他可能會知道——某些事會告訴他——他並沒有真正的重溫它們，因為這是「心靈」這個超級觀察家兼翻譯員的工作，而且從來不曾有任何電極觸碰過心靈，畢竟心靈並不像我們的鼻尖，它從來不存在於任何一個特定的具體部位。

超乎想像的大腦記憶

現在回來談記憶。距離你現在坐著的地方幾千哩遠處，一片葉子從樹上落了下來。你不會記得或想起這件事，因為你並沒有體驗到它，它對你也沒有任何重要意義。不過，**大腦所記錄的事情，還是遠遠比我們意識到的多太多。**

我們永遠都處在「有意識」的狀態

在你坐著閱讀本書的同時，就正經歷著上千種體驗，只是你並沒有意識到它們——以你現在的專注程度，還不足以意識到它們。你的身旁充斥著各種聲音和氣味，你眼角餘光瞥見的景物，你也許因為某隻鞋子太緊而感到有些不舒服，你所坐椅子的觸感、房間的溫度——真要說，簡直是說不盡。**我們正意識著這些感覺，但卻沒有覺察到我們正在意識它們。**這看起來有些矛盾，但當你看過一個女人在全身麻醉狀態下的例子，就不會這樣想了。

一位女士在懷孕期間，和她的婦產科醫師建立了極為親密的友誼以及信任關係，到了要分娩的時候，她依照慣例進入全身麻醉，並順利地生下了一個健康的寶寶。之後，她的醫師到病房去看她，她卻一反常態的疏離，甚至還懷有一點敵意。他們兩人都無法解釋為何她的態度會有這樣的轉變，雙方都很急著想找出原因。最後他們決定試試，利用催眠來揭開某些隱藏的記憶，或許可以解釋她的突然改變。

在催眠狀態下，她被引導依循著時間往回推移，從她最近一次和醫師相處的經驗慢慢往前回溯。結果，他們並沒有走太遠，在深沉的催眠狀態中，她並沒有跳過在產房裡那段「失去意識」的時間，相反的，她重述了醫師和護士間的所有對話。他們在全身麻醉的病人面前，有時不帶感情地聊著臨床經驗，有時講講笑話，有時則對她的產程緩慢表示不耐而抱怨。她覺得自己不是一個人，只是一個物品，沒有人在乎她的感受。反正她已經「沒有意識」了，不是嗎？

我很懷疑人是否真的能「毫無意識」。我們或許可以、或許不能回想起曾經經歷的事，但我們總是在經歷著什麼事，而且所有的經驗都會留下回憶，牢牢地印記在腦中。

這是不是表示，只要利用記憶技巧你就可以知道，距今十年後你仍然能夠想起這一頁的頁碼？你可以說你可能沒有盯著它瞧，但是它就在那兒，你的眼角餘光會掃過它。也許吧！但也許不會，因為它對你來說一點也不重要，而且很可能永遠都不會有什麼重要。

不過，你是否能想起上週晚餐上遇到的那個深具魅力的人的名字？當你第一次聽到這個名字時，「聽到它」本身就是一個事件，因此你只需要在心靈螢幕上重建事件當時的情境，就像我之前告訴你們的那樣，如此你就能再次聽到那個名字。放鬆，進入你的層次，建立一個螢幕，重溫那一個事件，這大約需要十五到二十分鐘。

更快速的重建記憶

不過，我們還有另一種方式——一種緊急狀況下的方法——能立刻將你帶入某個心靈層次，在那兒取回記憶資訊將會更容易。

這個方法牽涉到一個簡單的觸發機制，一旦你真正擁有了這個機制，每次你使用它時就會讓它的效益日益提升，而要讓它成為你的，需要一點靜坐冥想的時間，讓整個過程徹底地內化。你們會看到它有多簡單！

練習 三指成圈技巧立刻進入你的心靈層次

步驟1 只要把**兩手的姆指和食指及中指相觸成圈**，你的心靈將會立刻調整到更深的層次。現在就試試看！

【重點】 你會發現什麼事都沒發生，因為它還沒有成為一個觸發機制。

↓

步驟2 要讓它**成為觸發機制**，你得進入你的層次，對自己這樣說（無聲或大聲說都可以）：「為了重要緊急之用，不論何時，只要我將手指像這樣相觸成圈，」現在把手勢做出來，「我將立刻進入這個心靈層次，達成任何我渴望的事物。」

每天這樣做，大約做個一週，固定用同樣的語詞，很快地，你的心就會將「三指相觸成圈」和「立刻進入有效的靜坐冥想層次」強而有力地連結起來。然後，不久之後的某一天，你一定會想要想起某一件事（比如說某個人的名字）卻怎樣都想不起來，你愈是用力想，它愈是抵死不出現。意志力不僅沒有用，它根本是一大阻礙！現在放輕鬆，你知道你記得，而且你有辦法把它叫出來。

• 丹佛有一位四年級的老師，就利用心靈螢幕和三指成圈技巧來教導拼寫法。她每週大約教導二十個字，測驗時，她不是一個字接著一個字地請學生拼出來，而是要求學生們把那一週學習的所有字詞一次寫下來。透過將三指相觸成圈和在心靈螢幕看到那些字，學生們記得所有的字，以及如何拼寫出它們。「就算是那些速度比較慢的同學，也能在十五分鐘內完成測驗。」利用同樣的技巧，她在十一月裡成功地讓這些四年級學生把乘法表背到十二乘以十二，而這一般都要花到一整個學年才能達到。

• 那個兼職開計程車的大學生提姆•麥斯特斯P056，經常會遇到有乘客要到鄰鎮的某個地址，但是他因為太久沒去那兒，已經記不太起來路程要怎麼走。當他在出發前先進入靜坐冥想狀態時，那些行色匆匆的乘客通常都搞不清楚他在幹嘛，但透過三指成圈技巧，他已經將上一次開車到那兒的記憶「重新回味」了一遍。

在學習心靈圓夢術前，提姆在紐約技術學院的成績全部都是乙，只有一科得到甲。「現在我可是一個學者了！全部都是甲，只有一科乙。」他說。他在準備學業時會用快速學習法P068，而在考試時，他總是把姆指、食指和中指相觸成圈。

這個三指相觸成圈的技巧還有別的用途，我們會在幾個特殊的狀況使用它，稍晚會再介紹。三指成圈技巧在其他的靜坐冥想學派裡已使用了好幾個世紀！下一次你看到某一個亞洲人的畫像或雕像時——可能是一個瑜伽師正盤腿靜坐冥想——別忘了注意看看他的手，那三根手指也是同樣的相觸成圈哦！

6

快速學習

花更少時間，卻學得更多

這些方法不只能讓回想事情變得更容易，同時還能加速並加深你對所學事物的理解力。

當你學會了上一章教的記憶法，接著就能順利邁入下一步——快速學習！先讓我簡短說明一下你將如何前進吧！

你會先進入靜坐冥想層次，然後在那個層次裡創造一個心靈螢幕，這個螢幕對各種各樣的目的都十分有用，其中之一就是抓回資訊。接下來，你將利用一個捷徑——三指相觸成圈技巧，它的諸多用途之一就是讓你立刻回想事情。一旦你達成這個訓練，就表示你已經準備好學習取得資訊的新方法，讓回想變得更容易。同樣重要的是，這些新方法不只能讓回想事情變得更容易，同時還能加速並加深你對所學事物的理解力。

快速學習兩大技巧

這裡有兩個學習技巧，我們就從比較簡單的開始吧——雖然它不一定比較容易。

三指相觸成圈技巧 P065

一旦徹底掌握住這個技巧，就能立刻到達你的層次並在那兒有意識的運作，也能在聽課或閱讀的時候使用它。這將大大增進你的專注力，所有的資訊會更牢固地灌注進來。之後等你回到貝塔層次，將會更容易地記起它們；進入阿法層次時也能更輕鬆地召回它們。

有一個學生在考試時運用了三指相觸成圈技巧，結果他幾乎可以看見自己曾經讀過的課本，幾乎可以聽到講師在課堂上對課程內容的討論講解。

錄音學習技巧

要學習這個技巧，你需要一臺錄音工具。現在，假設你正要學習課本裡很複雜的一個章節，不只需要記誦，還得理解它。

練習 錄音學習技巧

步驟1

先不要進入阿法層，留在貝塔層，大聲的讀誦這一章的課文，並且把它錄下來。

←

步驟2 進入你的層次，將錄下的內容播放出來，並且專注在你自己讀誦課文的聲音上。

這個技巧可能沒那麼簡單，但在之前的心靈圓夢術練習中，你應該準備好學習它了。這個技巧不只擁有在阿法層次學習的所有效果，還能加強在貝塔層次的學習成效。

在心靈圓夢術的訓練初期，特別是你對所用的錄音工具還不熟悉時，可能會在按下播放鍵的當下跳回貝塔層次，然後發現讀課文的聲音讓你更難回到阿法層，等你終於回去了，可能也錯過了部分或所有課文，但只要持續練習，這種情況就不會再發生。這裡有些訣竅：

- 先把手指頭按在播放鍵上再進入你的層次，這樣就不用為了找按鍵而睜開眼睛。
- 找個人協助，在你做出信號的時候幫忙按下播放鍵。
- 當你需要再次進入阿法層時，請運用三指相觸成圈技巧。

讓所學事物成為「你的一部分」

你可能會遇到一個問題，而且看起來或許會比實際上來得嚴重，然而事實上，它很可能是你進步的一個徵兆。隨著你愈來愈熟練，對阿法層的感受會開始有所不同，它感覺起來會愈來愈像貝塔層，因為你學習有意識地使用它——在阿法階層裡保持完全清醒並擁有完整的心靈力量，是心靈圓夢術的一個特殊功能。

當你慢慢進步並再次抓回之前處在阿法層的感受時，你實際上已經到了更深的層次，比如說希塔層。在心靈圓夢課堂上，我經常看到結業學員們在深層境界中睜著眼睛，有效地運作心靈力量。他們真的是完完全全清醒著，就像你現在一樣，能夠清楚的對話、提問及回答問題，甚至還能講笑話。

現在回到你的錄音工具上：**若要加強效果，就等個一段時間，比如說幾天之後，再於貝塔層念一次課文內容，在阿法層播放一次**，如此這些資訊就會牢牢地成為你的一部分。

如果你是跟其他人一起看著本書學習心靈圓夢術，你們可以共用一個錄音檔，這也是一種節省時間的分工方式，同樣可以完美的運作，只是**聽你自己的聲音還是更有利一些**。

在許多領域裡的心靈圓夢術學成者們都已經證實，快速學習法和三指相觸成圈技巧確實是一種極有價值的省時方法，包括業務人員（特別是保險業務）、學術人員、學生、教師、法律人士及演藝人員等，族繁不及備載。

- 加拿大一位成功的壽險經紀人再也不需要急慌慌地翻閱公事包裡的厚重文件來

回答客戶們各種複雜的資產和稅務問題，搞得客人們心浮氣躁。現在，他的巨大資料庫都已在舌尖待命，一切都歸功於快速學習法跟他的三根手指！

- 一位底特律的訴訟律師，在向陪審團陳述歸納一件複雜的案子時，終於不必再被筆記束縛了！他把他的總結內容錄下來，在上法庭的前一晚於阿法層次先聽一次，第二天清晨再聽一次。之後，他滿懷自信地站在陪審員面前，並且讓他那令人安心的眼神不斷與他們相對。結果，他那天的發言比起依賴筆記時更有說服力，而且沒有人注意到他左手的三根手指在做什麼。
- 一個紐約夜店的喜劇演員改變了他每天的例行程序，他在新聞上「聊到」這件事。在表演前一個小時，他會聽一段錄有自己表演的錄音帶，這樣他就已經準備好二十分鐘讓人「忍不住發笑」的高度幽默。「以前我習慣交叉手指祈求能有最佳表現，現在我把三指相觸，並且確定結果會是——笑聲不斷！」

錄音學習法跟三指相觸成圈技巧非常適合學生。當然囉！這就是為什麼截至目前為止，共有二十四所大學院校、十六所高中和八所小學（一九七七年時的數據）都在教導心靈圓夢術。多虧了這些技巧，讓數以千計的學子們可以花更少的時間念書，卻學習得更多。

7

用夢境解決難題

更優勢地掌控你的生活

解讀一個事先設計好的夢境，
不但能深入洞察我們內在精神上的問題，
也能找到日常生活中各種問題的解決辦法。

我們做夢時是那麼的自由！時間框架、空間限制、邏輯法則和道德約束全一掃而空，我們是自己稍縱即逝的夢中世界的神，因為我們創造的是獨一無二專屬於自己的世界，難怪佛洛伊德將夢境放在至關重要的位置，他曾說：了解一個人的夢，就了解了那個人。

心靈圓夢術也很重視夢境，不過是用不同的方式——我們學習以不同的方式來運用心靈的力量。佛洛伊德認為做夢是不由自主的，但心靈圓夢術可不這麼想，我們的重點反而是放在：**刻意創造夢境來解決特定的問題**。由於我們已經事先設計好它們的主題事件，因此可以用不同的方式來解讀它們，並且得到驚人的結果。雖然這限制了我們自然做夢的體驗，但我們得到了更重要、更巨大的自由：更優勢地掌控自己的生活。

解讀一個事先設計好的夢境，不但能深入洞察我們內在精神上的問題，也能找到日常生活中各種問題的解決辦法。

我們所教導的夢境控制法有三個步驟，全部都跟我們心靈的靜坐冥想層次有關。

第一步：召回夢境

首先，我們要學會召回自己的夢境。許多人會說：「我從來不做夢。」這絕對不是事實！我們可能會想不起自己的夢境，卻都會做夢；若我們的夢被拿走，不用幾天就會出現心理和情緒問題。

當我在一九四九年開始研究把夢境用於解決問題的可能性時，完全不確定會得到什麼結果。我和你一樣，聽過許多關於預兆在夢中出現的故事，比如說凱撒，他曾在夢境中得到關於「三月十五日」的警告，結果那正是他被刺殺身亡的日子；還有林肯，他也夢到了自己被刺殺的預兆。如果這些夢和其他許多與它們類似的夢一樣，僅僅只是隨機偶發的意外事件，那我的研究就是在浪費時間啦！

我的第一次預言夢

曾經有一度，我強烈地覺得自己是在浪費時間，那時我研讀心理學——佛洛伊德、阿德勒和榮格等——已經有四年了，但事情好像開始變成：鑽研愈多，知道的反而愈少。一天深夜，時間大約是兩點鐘，我把手中的書丟到地板上，然後上床睡覺，打算不再浪費時間在這些無用的研究上，尤其是研讀這些大師理論——他們甚至無法認同彼此！我決定從當下開始只專注於自己的電子事業，別無其他；我一直太忽視它了，以至於經濟狀況開始緊縮。

大約兩個小時後，我從夢境中醒來。這個夢不像大部分的夢是一連串的事件，而只是一道光。我的夢境景象裡充滿了日正當中的陽光，金光閃閃，非常明亮。我張開雙眼，只見昏暗的臥室裡一片漆黑，但一閉上眼睛，光明就再度籠罩。我重複試了幾次：張開眼，一片黑暗；閉上眼，大放光明。大概在第三、四次閉上眼睛時，我看到了三個數字：3—4—3，接下來是另一組數字：3—7—3。當我再次張開、閉眼，又看到第一組數字，然後是第二組數字。

我對那道光的興趣遠遠大於那六個數字，它開始一點一點地慢慢黯淡下去，讓我懷疑自己的生命是不是走到了盡頭，就像一只電燈泡在突然一閃後燒壞那樣。當我終於搞清楚自己並沒有要死掉時，立刻很想把那道光叫回來好好研究一番。我改變了呼吸方式，調整躺在床上的姿勢，切換我的心靈層次，但都沒用，它仍然慢慢地暗了下去。從頭到尾，那道光大約停留了五分鐘。

「也許那些數字帶有某些意義……。」之後，一整晚我都沒睡，躺在床上試著回想所有的電話號碼、地址、證件號碼——任何可能讓那些數字產生意義的事。

現在，我已經掌握有非常有效的方法去找出夢境的意義，但在當時，我還處在研究的初期階段，所以第二天我雖然因為只睡了兩小時而疲累不堪，卻還是繼續努力在我所知道的事物之中，試著找出一些和那幾個數字有關聯的蛛絲馬跡。

樂透彩中獎了

在這裡我得先說一些瑣碎的小插曲，因為它們將帶領我解開謎題，進而成為心靈圓夢課程裡非常重要的一部分。

那天，再過十五分鐘我的電子修理商店就要打烊了，一個朋友順道經過，提議一起出去喝杯咖啡。他在等我的時候，我太太走過來說：「既然你們要去喝咖啡，可不可以乾脆到墨西哥那邊幫我買些消毒酒精回來？」邊界橋旁有家商店，那兒的消毒酒精比較便宜。

一路上，我把自己的夢境說給朋友聽，而在講述的過程中，突然有一個念頭閃過腦海：也許我看到的是一組樂透彩券號碼！而我們的車正好經過一家專賣墨西哥彩券的店，只是那時已是打烊時間，店門早就拉下來了。好吧！那畢竟只是一個傻念頭而已。於是，我們往前開到下一個路口去幫我太太買酒精。

就在店員幫我打包酒精時，朋友在店內的另一頭叫我：「你在找的是哪幾個數字？」

「3—7—3，3—4—3。」我說。

「你過來看看！」

那裡有一半的彩券都有３—４—３這三個數字！

墨西哥全國上下有成千上萬個小攤販——就像這家小店頭——每個月都會收到一組彩券，彩券的頭三個數字都一樣，這家店正是全國唯一一家販賣３４３號碼彩券的店，３７３號碼的彩券則是發到首都墨西哥市販售。

幾個禮拜後，我發現我有生以來第一次買的彩券裡，有半數都中了獎，獎金大約一萬美元，正好是我迫切所需的數額！歡欣雀躍之餘，我細細咀嚼著這份禮物的價值，而我覺悟到的事物，遠遠比這份禮物本身還要有價值得太多。這是一個堅實信念的奠基石，它證明了我所有的研究都是值得的。**我以某種不確定的方法和高層智慧做了接觸，也許我之前已經和它們有過許多次的接觸，但我卻不知道，而這一次，我確實知道了！**

想想，有多少看似偶然的事件造就這一切！先是在一個充滿絕望準備放棄的時刻夢到一組數字，它們出現的方式是如此令人驚異——在耀目的光芒中——讓我非去回想它們不可。然後是我朋友路過並邀我喝咖啡，而我因為無眠正非常疲憊，因此答應了他。接著我太太特地走過來叫我幫她買酒精，讓我去到全墨西哥唯一一家販售那組特定號碼彩券的小店。

如果有人認為這一切都不過是巧合，那麼他將很難解釋一個不可思議但全盤都經得起檢驗的事實：美國有四個心靈圓夢術的學成者使用了我後來開發出來的不同方法，全都贏得了樂透彩。他們分別是伊利諾州羅克福德市的芮吉娜・M・弗內卡，她贏得三十萬美元；芝加哥的大衛・西奇區，他也贏得了三十萬美金；同樣來自芝加哥的法蘭西斯・莫羅尼，贏得五萬美元；以及紐約州水牛城的約翰・佛萊明，贏得五萬美金。

觸發「巧合」

在心靈圓夢術，我們並不反對「巧合」這個字，事實上，我們為它賦予了特別的意義。當一連串難以解釋的事件引領事情達到積極有利的結果時，我們會稱之為「巧合」；當它們將事情引到消極糟糕的結果時，我們就稱它為「意外」。在心靈圓夢課程中，我們就是在**學習如何觸發巧合**，因此我們絕不會說：「只不過是巧合罷了！」

我的樂透中獎夢讓我堅信高層智慧確實存在，而且它們絕對有能力與我溝通。它們在我睡著時就這麼做了，並且重重地擊碎了當時正覺得自己一生研究毫無價值的想法。除了我之外，有數以千計的人們都曾經在絕望、身陷危險或面臨生命轉捩點的時候，以超自然的方式在夢中收到訊息，這些夢境有許多都記載在《聖經》中。不論如何，當時發生在我身上的這個真實事件，看來不啻就是個奇蹟。

我記得曾經讀到佛洛伊德說，睡眠為心靈感應創造出有利的環境條件。對於我的夢，我得更進一步的說，**睡眠為「接收高層智慧的訊息」創造出有利的環境條件**；再進一步說，我懷疑我們是不是一定只能像等人來電般，被動地等待鈴聲響起？我們真的不能依著自己的意志主動撥號去跟高層智慧溝通嗎？身為一個虔誠的基督教徒，我認為：既然我們可以透過禱告來跟上帝接觸，那就一定可以開發出一種方法來跟高層智慧接觸。（你之後會在第十五章裡看到，當我在說神和高層智慧時，是將祂們視為不同的事物。）

這樣做，記憶起夢境

沒錯！根據我的實驗顯示，**我們能過透過許多方式來接觸高層智慧，其中之一就是控制夢境**，而且非常簡單易學。你不能指望靠明亮的光來幫你召回夢境，但你可以藉著在「你的層次」裡自我訓練所得到的日漸強大的力量，來記憶起它們。

練習 記得你的夢境

步驟1

在臨睡前進入靜坐冥想層次，並且說：「我想要記住一個夢，我將會記住一個夢。」然後將紙筆放在床邊，去睡覺。

↓

步驟 2

當你醒來時，不論是在半夜或已是早晨，立刻寫下你記得的夢境。

照這樣夜復一夜地持續練習，你的夢境回憶就會愈來愈清晰、愈來愈完整。

第二步：在夢境中尋求解決方案

當你覺得自己的技巧已經提升到令你滿意的程度，就可以準備進入第二步。

練習　在夢中得到解決問題的答案

步驟 1

請在睡前靜坐冥想，回顧一個可以藉由資訊或建議來解決的問題。現在，用下面的話語來設定你自己：

「我想要做一個夢，夢中含有能解決我心中這個問題的訊息，我一定會做這樣一個夢，並且能記住它、了解它。」

【重點】你所回顧的問題，必須是你真的很想解決的——傻問題只會招來笨解答。

步驟2 ←當你醒來時，不論是在半夜或早晨，審視你記得最清楚逼真的夢境，然後思考，找出它的意義。

第三步：解析夢境

我之前提過，我們解夢的方式和佛洛伊德式的完全不同，因為我們是刻意創造夢境，因此若你正好很擅長佛洛伊德式的解夢法，為達到心靈圓夢術的效益，請忘記它們。

想想看，佛洛伊德會怎麼解釋以下這個夢境？

一個人身處在一座原始叢林中，身旁圍了一群野人，他們來勢洶洶地接近他，手中的長予舉起，然後又放下，每支予的尖端都有一個洞。

然而，這個人醒來以後，將該夢視為一個困擾他很久的問題的解答：如何設計一臺縫紉機！當他的夢境告訴他可以把洞放在尖端時，他才想到可以讓針上下穿線，而不是左右縫合。這個人就是艾利司・哈維（Elias Howe），他發明了第一臺實際可用的縫紉機。

一位心靈圓夢術學成者盛讚夢境控制技巧救了他一命。在一次為期七天的摩托車之旅前夕，他編製了一個夢，希望夢境能事先警示他此行可能面對的任何特殊危險狀況——他之前大部分的長途旅行都有發生小災難的記錄：一次是爆胎，另一次是塵土跑進燃油管路，最後一次的旅行途中還遇上毫無預警的大雪。

結果他夢到自己在一個朋友家裡，晚餐時，每個人都在享用美味的洛林糕（用乾酪和醃肉等做成的奶蛋糕），只有他面前是一大盤堆得高高的生四季豆。難道夢境的意思是叫他在旅程中別吃生四季豆？這的確有點危險，畢竟他本來就不愛四季豆，尤其是沒煮熟的那種。還是說這表示他在那位朋友家不再受到歡迎？不！他對兩人間的友情很有信心，再說，這跟他的摩托車之旅也扯不上任何關係。

兩天後的黎明，他正沿著一條紐約公路狂飆。那是一個美麗的早晨，路況也好極了，路上除了開在他前面的一臺小貨車，就沒有其他車輛了。

當他騎近那臺小貨車時，看到上頭載著滿滿一大堆的四季豆，這讓他想起了自己的夢，於是他把車速從六十五英里減到了二十五英里，然後，當他以時速十五英里的速度轉過一個彎道時，他的後輪稍稍打滑了一下——因為它輾過了一些從貨車上撒落出來的四季豆！如果他當時是以高速行駛，這樣的打滑後果一定很嚴重，甚至可能會讓他喪命。

只有你自己可以解釋你決定要做的夢，只要在事前適當地自我訓練去了解你的夢，那麼你對這些夢的意義就會有某種「預感」，這個預感通常就是無聲的潛意識與我們溝通的方式。透過練習，你對這些特意編製出來的預感就會有愈來愈多的信心。

那些我建議你在自我訓練時使用的話語，都是我們在心靈圓夢課程上所使用的，其他的話語也會有用。不過，如果你曾上過心靈圓夢課程，你很可能會對這些語句產生條件反射，而當你事先在阿法層次植入這些特定的話語，你會有更豐富的體驗。

假使你能夠耐心地學習夢境控制並持續練習，就能發掘出更珍貴的心靈能力。你不會理所當然地期望成為樂透彩得主，因為樂透彩的本質就是只有極少數人能中獎。然而，從生命的本質來看，每個人都能夠贏，而且贏得比中樂透彩更多、更豐富！

8

你的語言充滿力量

吸引好事的說話術

語文不只是反映現實，還會創造現實！

請慎選我們用來觸發大腦的語言文字……

在導讀裡，我們曾經建議你們，在第一次閱讀時，不要開始練習任何一個訓練，但是以下是一個例外：從現在就開始努力做做看！用你所有的想像力來影響它！

讓我們好好思考這件事的意義！

練習 想像檸檬

步驟1

想像你正站在廚房裡，手中拿著一顆剛從冰箱取出來的檸檬，你的手覺得冰冰的。接著，看看它的樣子，它有著黃色外皮，那是一種油亮的鮮黃，兩頭有著綠色的小點。再輕輕地擠壓它一下，感受一下它的緊實和重量。

←

步驟2 現在把檸檬放到你的鼻端，好好地聞聞它，世界上沒什麼東西聞起來像檸檬那麼讚，不是嗎？現在把檸檬切成兩半，再聞聞看，氣味是不是更強烈了呢？

↓

步驟3 現在深深地一口咬進檸檬的果肉，讓它的果汁在你的口中如漩渦般滿溢流轉，世界上沒什麼東西嚐起來像檸檬那麼棒，不是嗎？

到此為止，如果你有善用自己的想像力，那麼你應該已經開始流口水了！

讓我們好好思考這件事的意義。

文字！「僅僅」只是文字，就能影響你的唾腺。文字不僅會反映現實，還會反映出你想像的事物。

當你讀到那些關於檸檬的文字時，就是在告訴你的大腦你有一顆檸檬，即使你並不是有意的。於是，大腦認真地把它當一回事，並且把訊息傳給了唾腺：「喂！這傢伙正在咬一顆檸檬！快！趕快把它洗掉！」而唾腺就遵從了這個指令。

我們大多數人都認為我們所用的文字語言反映出各種意義，它們所代表的意思可以是好的或是壞的、真實或是虛假、強而有力或是虛弱不堪。是沒錯啦！不過只說對了一半，語文不只是反映現實，它們還會創造現實，比如說讓我們流口水之類的。

對於我們的意圖，大腦絕對不會做出模棱兩可的詮釋——它接收到訊息，貯存它們，然後指揮我們的身體，告知「我現在正在吃檸檬」之類的訊息，讓身體採取對應的動作。

吸引壞事的負面語言

現在，是時候來進行心靈圓夢術中所謂的**「心靈大掃除」**了！這件事沒有訓練方法，完全依靠一個堅定的決心，謹慎地選擇我們用來觸發大腦的語言文字。

我們所做的練習很中性——完全順其自然，沒有任何好處，也沒有任何傷害。不過，好處和傷害都一樣，會來自我們所用的語言文字。

大腦會回應你的語言

許多小朋友會在晚餐時玩一種小遊戲，他們會盡可能用最噁心的詞來描述他們正在吃的食物，舉一個我記憶中比較不那麼生動的例子：奶油是壓成糊的蟲子！這個遊戲的目的，是假裝這些噁心食物新觀點並不能使他們做嘔，然後看看誰的假裝能力能贏過其他人。這些噁心的詞通常會奏效，總有人會因此食欲大減。我們大人也經常玩同樣的遊戲，**我們用負面消極的話語熄滅對生命的熱情，在不斷重複之後，這些話語便集結成一股力量，反過來還給我們一個負面消極的生活，於是我們對生命的熱情就更低落了。**

「你好嗎？」

「呃……沒什麼好抱怨的！」「發牢騷也沒用！」或「還不算太糟啦！」

大腦會如何回應這些死氣沉沉的說法呢？

做菜讓你肩頸痠痛？平衡收支讓你大大頭痛？你對天氣感到厭煩不耐？我非常相信，直腸科醫師大部分的收入都是靠我們所用的話語賺來的。記住！大腦不會做出模棱兩可的詮釋，它會說：「這傢伙想要頭痛！好吧，頭痛來囉！」

當然啦，每次我們說什麼東西讓我們痛苦時，那痛苦並不會馬上發生，因為我們身體的自然狀態是健康良好的，它所有的裝置運作都朝著健康發展。然而，**隨著時間過去，負面言語一再打擊身體的防禦體系，等累積到一定程度，它就會送來我們訂購的那個疾病。**

小心兩件事

有兩件事會加強我們所用語文的力量：(1)我們的心靈層次，以及(2)情緒對我們所說話語的投入程度。關於第二點，有一個例子是：「老天！痛死了！」這種極具說服力的說法將會為疼痛提供增生的溫床；又例如：「我在這兒什麼鬼事都做不了！」只要用強烈的情感說出來，這句話就會成真，並且為這種感覺增添看起來真有那麼一回事的效果。

在阿法和希塔階層裡說好話

對於這種壞習慣，心靈圓夢術提供了一種有效的防禦方法。在阿法跟希塔階層裡，我們的語言力量會大大地增加，例如利用簡單到不可思議的話語讓你預先編製夢境 P082，以及把語言的力量轉到三根手指上以快速進入阿法層 P065。

神奇的庫埃療法

雖然在這個複雜的年代，很多人會嘲笑艾彌爾・庫埃（Emile Coué，法國心理學家），但我從不笑他。他因為一句名言而廣為人知——雖然這句話在今天就像是笑話裡的笑點，總會引起一陣笑聲。「每天每天，我在各方面都會更好、更進步！」這句話已療癒了千千萬萬人們極為危急嚴重的疾病。他們可沒開玩笑！我尊敬他們，並且以敬畏和感激之心敬重著庫埃醫師，因為我從他的著作《自我暗示，才能掌控自我》中學到了無價的一課。

庫埃醫師出生在法國的特魯瓦（Troyes），他在那兒當了三十年的藥劑師，在研究並親身測試過催眠術後，他開發出一種以自我暗示為基礎的特有心理治療法。西元一九一〇年，他在南錫（Nancy）開設了一門免費的診療，並在那兒成功醫治了數千名病患，其中包括了風濕病、嚴重頭痛、哮喘、肢體癱瘓、口吃、結核性潰瘍、纖維瘤和潰瘍等——種類多到令人瞠目結舌。然而他卻說：「我從未治癒任何人，我只是教他們學會治療自己。」毫無疑問的，療效確實發生了，而且每個案例都有記錄可查！

可惜的是，他一九二六年過世後，庫埃療法幾乎完全消失了。要是這方法複雜到只有極少數專業人士才能學得如何運用，它很可能至今還存在並且保存良好，但它卻是一個很簡單的方法，每個人都能學會——庫埃療法的核心關鍵就存在心靈圓夢術之中。它只有兩個基本原則：

(1)我們一次只能思考一件事。
(2)當我們專注在一個思緒上時，這個思緒就會成真，因為我們的身體會將它轉化為行動。

因此，如果你想要觸發身體的自癒程序——這一般都會被有意識或無意識的負面思考模式所破壞——只要連續重複說二十次「每天每天，我在各方面都會更好、更進步」，每天做兩次，那你就是在使用庫埃療法。

讓你愈來愈棒的兩句話

由於語言的力量在靜坐冥想層次會大幅增加，因此我稍稍改造了一下這個方法，在阿法及希塔層裡說：「每天每天，我在各方面都會更好、更進步、**更棒！**」在靜坐冥想層次裡，說一次就夠了。我們還會說（同樣受到庫埃醫師的影響）：「消極的想法、負面的暗示，在任何心靈層次都無法影響我！」光是這兩句話就能造就極大的具體成果。

一位軍人還沒來得及完成心靈圓夢術的第一堂課，就突然被派去中南半島，但他記得如何靜坐冥想，也記得這兩句話。

他被分派到的單位，長官是一個脾氣火爆的酒鬼中士，特別喜歡操那些新來的士兵。不到幾個星期，他就開始因為一陣又一陣的夜咳而在半夜咳醒，接著是之前從未曾有過的哮喘襲來。他做了一次詳盡的身體檢查，結果顯示他的健康非常良好。然而，他卻變得愈來愈疲累，工作表現愈來愈糟，這讓他的長官對他更不滿，也把他盯得更緊。他的同袍開始藉著藥物尋求慰藉，他則轉向心靈圓夢術和那兩句話。幸運的是，他一天還能靜坐冥想三次：「只短短三天，我就完全搞定了那位中士，我完成他交待我的所有事項，而他下指令的速度完全追不上我！一週內，我就不再咳嗽，接著哮喘也離我而去。」

如果這個故事是一位心靈圓夢術學成者告訴我的，我會很開心，但是不會留下那麼深刻強烈的印象。我們有一大堆力量更強大的自我療癒技巧，而這個男人的故事之所以如此有意思，是因為他對這些技巧一無所知，他運用的**僅只是第一堂課上學到的這兩句話**。

馬布里護士的語言治療奇蹟

即使是在比心靈圓夢術所運用更深沉許多的心靈層次，語言仍有著驚人的強大力量。金・馬布里（Jean Mabrey）女士是奧克拉荷馬州一位專業的麻醉護士（同時也是心靈圓夢術的講師），她把這個力量用在幫助她的病人：

當病人們一進入深度麻醉中，馬布里女士就會在他們的耳邊低語著能加速他們康復的教導指示，在某些案例中，這麼做甚至救了他們的性命。

在一次預計會有大量出血的手術中，醫師驚訝地發現，病人只有稀稀落落幾絲細流般的出血，因為馬布里女士在他耳邊低語：「告訴你的身體不要出血。」她在第一次切開前就說了一次，手術中每隔約十分鐘就再對病患說一次。

在另一次手術中，她對病患低語：「當你醒來時，會感到生命中的每一個人都愛你，而你也會深愛自己。」這名病患一直想引起醫師的特別關注，她是一位緊張又愛抱怨的婦女，對她來說，每一點病痛都是不祥之兆，這種心態大大延緩了她的康復之路。手術後，當她從麻醉中醒來時，臉上出現了一種全新的表情，三個月後，她的醫師告訴馬布里女士，這個原本充滿焦慮的病患完全「變」了！她變得放鬆而樂觀，並且很快就從手術中恢復健康。

馬布里女士的成果具體展現了我們在心靈圓夢課上所教導的三件事：⑴語言在深層的心靈層次中具有特殊的力量。⑵心靈對身體的掌控力量非常強，遠遠超過一般人所以為的程度。⑶就像我在第五章曾說過的，我們永遠都處在有意識的狀態。

許多做父母的都曾經粗率地闖進他們熟睡孩子的房間，迅速地幫他蓋好棉被就匆匆離去，但其實只要稍微放慢腳步，**花一點時間在孩子耳邊說些正向積極、充滿愛意的話語，就能讓孩子一整天都更有安全感、更平靜沉穩。**

有太多心靈圓夢術的學成者回報說他們健康狀況改善了，有些人甚至還沒上完課就有感覺了，以至於我一度發現自己跟老家的醫學界人士扯上一些令人不快的麻煩。有些病人跟他們的醫師說我們治好了他們的健康問題，於是這些醫師就去跟地區檢察官投訴。經過調查，檢查官發現我們並沒有執行任何醫師們害怕的醫療行為——幸好，以心靈圓夢術改善健康並不違法，否則今天世界上就不會有任何的心靈圓夢組織了！

9

想要什麼就能得到什麼

比意志力不如刺激想像力

若讓意志力和想像力單挑，贏的永遠是想像力！

意志力需要征服某個敵人，才能達到目標；它努力想要強硬起來，然而，就像大部分的惡棍流氓那樣，一遇到比它更硬的傢伙，它就變成軟趴趴的奶油泡芙啦！其實，要甩掉壞習慣，有一個更溫和也更簡單的方法——想像力！想像力會直接抓住目標，因此想要什麼就能得到什麼！

這就是為什麼我在之前的章節裡，要如此大費周章地加強你們在深層心靈層次中學習極度擬真的觀想能力。如果你用相信、渴望與期待刺激想像力，並且訓練它來觀想你的目標，讓你能夠看到、感受到、聽到、嚐到與觸摸，你就一定能得到你想要的一切。

「如果讓意志力和想像力單挑，贏的永遠是想像力！」艾彌爾•庫埃寫道。

你覺得想要丟掉某個壞習慣，實際上卻很可能只是自己騙自己，因為如果你真的很想甩掉它，那它就一定會自己消失。**比起壞習慣本身，你一定要更渴望得到甩掉它之後的好處才行。**只要你對那好處的渴望夠強烈，就能夠從那個你「不想要」的習慣中解脫出來。

想著壞習慣與想要甩掉它的堅定決心，很可能會讓你跟它綁得更緊。這有點像是下定決心要上床睡覺，結果堅定的決心反而讓你一直無法入睡。現在，來看看怎麼做才真正對你有用。我會舉兩個心靈圓夢術成員最常成功克服的壞習慣為例：暴飲暴食和抽菸。

靠想像力成功瘦下來

如果你想要減重，第一步得從外在生活中理出你的問題在哪裡。

你的問題是飲食無節制？缺乏運動？還是兩者都有？問題也可能不是出在你的飲食無節制，而在於你總是吃錯食物，選擇一種更適合你的特定飲食方式，可能就是問題的答案，你的醫師應該會知道這一點。

還有，你為什麼想減重？是因為健康出了問題？或只是單純覺得瘦一點更有魅力？這兩者都是減重的好理由，但**你一定要在事前釐清，你到底希望從減重得到什麼樣的利益**。

如果你已經採用了正確的飲食方式，並且吃得適量，同時也已經在能力範圍內盡可能多運動，而且你其實只是稍稍超重而已，那麼，除非醫師要求你減重，否則我的建議是：就與它和平共處吧！我就是這樣。改變只會給你的生活帶來不必要的混亂，再說，你的生活裡很可能有更大的問題或更重要的機會，需要你運用心靈圓夢術去解決、去創造。

如果你很確定自己真的需要減重，也知道為什麼，那麼，你的下一步就是去分析了解減重能帶來的所有好處——不是那種籠統的「我會變得更漂亮」之類的，而是盡可能更具體、更密切與五感相關的好處，比如說：

視覺：找一張自己還很瘦時的照片，就像你現在所渴望的那般苗條的照片。

觸覺：想像一下，當你再度回復苗條，你的手臂、大腿和肚子摸起來會是如何的平滑。

味覺：你在新飲食方式中必定會加入並大量攝取一些新食物，想像一下它們嚐起來的味道。

嗅覺：想像一下，你即將享用的食物聞起來是什麼味道？

聽覺：想像一下，那些你所珍愛重視的人們，對於你成功減重會說些什麼？

即使有了五感，也還是不夠完完全全具象化這些「好處」——情緒也非常重要。

想想看，當你瘦到你想要的樣子，會有多麼歡欣得意和自信滿滿。

請將這一切牢牢放在心裡，接著進入你的層次，創造一個心靈螢幕，在上頭投射出你現在的模樣，然後讓這個形象消失，再從左邊（未來）滑入另一個景象（也許是苗條時的老照片），也就是你最後希望能成為的樣子。當然，飲食計畫成功的那一天，你一定能成為那個樣子。

你在心裡盯著全新的自己時，要盡可能仔細想像，當你變得那麼瘦時會是什麼感覺？當你能夠彎下身去綁鞋帶時會有什麼樣的感覺？爬上樓梯時又會如何？將現在覺得太小的衣服漂亮地穿上身時呢？穿著泳衣漫步在沙灘上呢？花點時間，透過你的五種感官，一次品味一種，細細感受這一切。當你達到目標時，你對自己的態度又會是什麼樣的感覺？

現在，請在心裡面好好審視你的新飲食——不只是你將要吃的東西，還要看看你得吃多少——同時選擇少許餐間的小點心，比如說生吃胡蘿蔔之類的。告訴自己，這些就是身體所需要的一切食物，它們將使你感到飽足，使你不會因為飢餓感而想要吃更多。

這樣你的靜坐冥想就完成了，照這樣**一天做兩次**。

請注意！在你的靜坐冥想過程中，絕對不要讓那些你不該吃的食物影像或念頭進入你的心中，你會吃太多就是因為你很喜歡它們，因此單單只是想到它們，也會讓你的想像畫面跌到你不想要的方向。

練習 擺脫自己不想要的壞習慣——暴飲暴食篇（一天做兩次）

步驟1

先想一想讓你肥胖的問題點是什麼，以及你為什麼想要瘦下來。

←**步驟2**具體分析了解減重能為你帶來的所有**好處**，並想想看：當你瘦到你想要的樣子，會有多麼歡欣得意和自信滿滿！

【**重點**】分析好處時，盡可能更具體、更密切與你的五感相關。

←**步驟3**將這一切好處和感覺牢記在心，接著進入你的層次，創造一個心靈螢幕，在上頭投射出你現在的模樣，然後讓這形象消失，再從左邊滑入你最後希望能成為的樣子。

【**重點**】你在心裡盯著全新的自己時，要從五感和情緒各方面盡可能仔細地想像，當你變得那麼瘦時，會是什麼感覺？

←**步驟4**在心裡好好審視你的新飲食，告訴自己：「這些就是我身體所需要的一切食物，它們將使我感到飽足，使我不會因為飢餓感而想要吃更多。」

【**重點**】審視新飲食的時候，不只要想像你將要吃的東西，還要想你得吃多少——同時選擇少許餐間的健康小點心。注意！絕對不要讓那些你不該吃的食物影像或念頭進入心中。

心靈控制減重法注意事項

好萊塢女星艾莉西絲・史密斯（Alexis Smith）在接受聖荷西《水星報》（Mercury News）訪問時（一九七四年十月十三日）說：「正向積極的思考在控制飲食時有極大的力量，絕對別去想你正要甩開的食物，要專注於你正在收穫的好處。」別人常說她比演華納兄弟的電影時期更有魅力，她將這歸功於心靈圓夢術，「最大的不同在於現在的我處於更好的平衡狀態，並更能掌握自己。」

設定合理的目標

請確認，你的減重計畫訂定的是一個合理的目標，否則你將會摧毀對自己計畫的信心。如果你現在超重二十三公斤，就別指望下週就能看起來像奧黛麗・赫本或是馬克・史皮茨（Mark Spitz，美國奧運金牌游泳選手），觀想這件事是不會有什麼作用的。

排除身體的老訊號

在開始的前幾天裡，你的身體可能會發出老訊號，提醒你各種糖果的愉悅美味；另外，在忙碌的日子裡，你可能無法靜坐觀想。此時就做個深呼吸，把三根手指相觸成圈，用靜坐冥想中你所使用的話語來提醒自己，你所採取的飲食就是身體所需要的一切，而且你絕不會感到飢餓；很快地再看一眼你的老照片（你想成為的樣子）也會有所幫助。

你在進行這項（以及其他方面的）心靈圓夢技巧時，整體心靈狀態也會變得更好，並回過頭來以各種具影響力的方式讓身體運作得更好。只要一點點心靈刺激，身體就會更樂意去追尋它的適當體重。這個技巧還有一大堆你可以自行設計的變化形：

- 一位奧馬哈的工廠工人在靜坐冥想時對自己說：「我只渴望、只攝取那些對我身體好的食物。」然後，突然間他發現自己對沙拉和蔬果汁等食物產生全新的興趣，對高熱量的食物則興趣缺缺。結果，他在四個月內甩掉十八公斤。
- 愛荷華州艾姆斯市（Ames）有一位女士使用了同樣的技巧。幾天之後，她買了一些甜甜圈——三個要給她的孩子，三個要給她的朋友們。「我完全沒想到要買給自己，我幾乎都要喜極而泣了！心靈圓夢術真是太有用啦！」
- 愛荷華州梅森市的一名農人花了一百五十元美金買了一套西裝，但那套西裝一點也不合他的身，他既無法拉上褲子，也無法扣起外套的鈕扣。「銷售人員一定覺得我瘋了！」他說。然而，藉著心靈螢幕的技巧，他在四個月內減掉二十公斤：「現在，那套西裝看起來就像是裁縫師為我量身訂做的！」

一場快樂的瘦身經驗

當然啦！並不是所有的結局都這麼令人驚歎——事實上，也並不是所有的人都應該有這麼壯觀的結果。不過，丹佛市的卡洛琳・狄・珊卓（Caroline de Sandre）與科羅拉多地區的心靈圓夢活動負責人吉姆・威廉斯（Jim Williams）進行了一項實驗性的計畫，結果顯示，對於那些真心想要減重的人，心靈圓夢技巧有著絕對可靠的效用。

卡洛琳召集二十五位心靈圓夢術的學成者，組織了一個研討會，大家每週聚會一次，為期一個月。其中有十五位成員每次都出席聚會，他們每人平均減掉了兩公斤多，全部的人都瘦了。一個月後，她再次考查這十五位受試者，發現其中有七位的體重持續下降，另外八位則維持穩定，沒有一位復胖。

根據卡洛琳的報告，這不僅僅是一次毫無痛苦的體驗，還是一場歡樂愉悅的歷程，他們不只在毫無飢餓感（以及其他任何不舒服）的情況下成功減重，同時也加強了心靈圓夢術所需的技巧。

如果他們曾上過比較成功的減重課程，這個實驗減下來的平均重量差不多就是那個課程裡會減掉的重量。卡洛琳曾是這種減重班的講師，做了一年半的時間，她同時也是丹佛瑞典醫學中心裡的助理飲食主任——對於適當營養和體重控制，她了解得很！

她計畫繼續經營這個研討會，並且準備為吸菸者也開一個。

讓戒菸更順利

抽菸是很糟的習慣，如果你抽菸，那麼讓自己成為「前吸菸者」的時機就是現在！我們將會採用非常簡單的步驟，讓你的身體有足夠時間去學習遵行大腦所發出的全新指令。

你不需要從外在條件來審視為何應該戒菸，因為那些令人沮喪的原因你已經夠熟悉了。你需要的是列出一長串好處，讓它們變得鮮明逼真，最後你自然就會想戒菸了。

你將會變得更有活力，你的身體感官會更敏銳，你將能更盡情地品味生活——你其實知道得比我更清楚，一個不吸菸者，就是你的目標。現在進入你的層次，在你的心靈螢幕上投射出你每天抽第一支菸的景況。然後完全放鬆，觀想自己在接下來整整一個小時裡做著所有你平常會做的事——除了抽菸。如果你選擇的靜坐冥想時間是早上七點半到八點半，那就對自己說：「現在開始，從七點半到八點半，我是一個不吸菸者，而且會持續一個小時，在這個小時裡，我很享受當一個不吸菸者，這很簡單，而且我很習慣這件事。」

持續做這個練習，直到你在外在層次也能真正的完全放鬆，度過不吸菸的第一個小時。然後你就可以往第二個小時前進，很快會進展到第三個小時，就這樣一直下去。記得要**慢慢進行**——衝太快可能會讓你的身體難以接受，這是相當不公平的，畢竟一開始叫你去接觸這壞習慣的是你的心，而非你的身體。因此，讓你的心靈透過想像來完成這個任務。

這裡有一些小提示，可以讓你徹底解脫的日子快點到來。

- 經常換香菸品牌。
- 在你還未成為不吸菸者的那些時間裡，每當你想要拿菸時，多問自己一句：「我現在真的想要它嗎？」令人驚訝的是，答案經常是不。那就等到你很想要的時候再說吧！
- 在你已經成為不吸菸者的那些小時裡，如果你的身體突然冒出對菸的「需求」，就做一次深呼吸，把你的三根指頭相觸成圈，同時用那些你平常在靜坐冥想中所使用的話語提醒自己，你現在是一個不吸菸者，之後一個小時也會持續拒菸。

練習 擺脫自己不想要的壞習慣——抽菸篇

步驟1

讓自己「想」戒菸：列出一長串**好處**，然後讓它們變得鮮明逼真。

↓

步驟2

進入你的層次，在心靈螢幕上投射出你每天抽第一支菸的景況，然後完全放鬆，觀想自己在接下來整整一小時裡做著所有你平常會做的事——抽菸除外。請對自己說：「現在開始，我是一個不吸菸者，而且會持續一個小時，在這個小時裡，我很享受當一個不吸菸者，這很簡單，而且我很習慣這件事。」

【重點】持續做這個練習，直到你在外在層次也能真正的完全放鬆，度過不吸菸的第一個小時。然後你就可以往第二個小時前進，很快會進展到第三個小時，就這樣一直下去——但記得別衝得太快！

在控制吸菸這個壞習慣時，你可以在這個基本方法上再添加其他的技巧。

奧馬哈有一個人，八年來每天要抽一包半的菸，他在阿法層次裡觀想他抽過的香菸——那可是堆積如山啊！接著，他把它們放進焚化爐裡一把火燒了。然後他想像如果自己不戒菸，他未來將要抽的所有香菸——另一座香菸山，接著同樣興高采烈地把它們全丟進焚化爐裡燒掉。過去曾經多次嘗試戒菸的他，僅僅在一次靜坐冥想後就永遠戒掉了，沒有渴望，沒有暴飲暴食，沒有任何副作用！

我必須很遺憾地說，我無法舉出和減重成功同樣多的戒菸案例，但我確實知道有許多學員戒了菸或減少了吸菸量，希望這能激勵吸菸的人們利用心靈圓夢術來對付這個習慣。

10

增進健康的心靈療法

沒有傷害性副作用的救命工具

一旦你開發出更多的自癒技巧，
所需要的醫療照護就會更少。

我大概有一半的時間都在國內或全世界到處旅行，為心靈圓夢術的學員們演講，每一年我都會遇到成千上萬的人們跟我分享真實精采的自我療癒故事。現在，這些對我已經司空見慣，所以我開始以另一種角度來看待這些絕妙之事。

對於那些還無法體會心靈對身體有多大影響力的人們，我感到無限驚奇。許多人都認為心靈療法是詭異而神祕的——然而，哪有什麼會比強效處方藥物卻帶有摧毀健康的副作用更詭祕、更莫名其妙？**在我所有的心靈治療經驗裡，從來不曾經歷或看過聽過任何一種具傷害性的副作用。**

醫學研究已發現愈來愈多身體和心靈的相關性，這些看似不同而且無關的研究，所得到的結果卻顯示出一個有趣的一致性：原來，心靈扮演著一個神祕且力量強大的角色！

如果心靈圓夢術是完美的（它並不是，我們還在努力學習中），我相信我們所有人在任何時候都應該擁有完美的身體。不過沒關係，我們已經清楚知道如何加強心靈的力量來修復身體，進而更成功地擊敗疾病，這絕對是一個無法忽視的事實。既然像艾彌爾‧庫埃那樣的方法都能奏效，心靈圓夢術的方式（已納入了庫埃法）絕對更有力量。

很顯然的，一旦你開發出更多的自癒技巧，所需要的醫療照護就會更少，然而，在心靈圓夢術現階段的發展，以及現階段你對我們所開發技巧的掌握程度，都還不足以讓醫師們提早退休。因此你還是應該像正常人一樣去看醫生，遵循他們的建議；你能做的是，以極快的復原速度讓他們大吃一驚──總有一天，他們會問你究竟去了哪裡、做了什麼。

許多學員都分享了他們在緊急狀況下利用心靈圓夢術減少出血和疼痛的故事，比如：

唐納‧偉道斯基太太有一次跟先生一起到德州開會，結果──根據康乃狄克州諾威治市醫師的報告──她一躍進入泳池，一隻耳膜因此破裂。「我們距離城鎮很遠，而我，也不想讓他開會開到一半中途離開，」據報，她當時說，「所以我讓自己進入阿法層次，把手放在耳旁，讓心專注於疼痛部位，然後說：『消失吧！消失吧！消失吧！』」結果令人驚訝，「出血立刻就停了，疼痛也消失了，當我終於能去看醫師時，那位醫師驚訝得完全說不出話來。」

在自我療癒裡，有六個非常簡單的步驟。

練習 自我療癒（每次約十五分鐘，每天至少做一次）

步驟1

請在貝塔層次裡，開始感覺自己是個充滿愛（因此也是一個慈悲寬容）的人，並且將愛的本身視為目的。你可能需要來一場非常徹底的心靈大掃除P089。

←

步驟2

進入你的層次。

【重點】這是邁向自我療癒很重要的一步，在這個層次裡，心靈上所有的負面力量，包括內疚與憤怒，都被消融了，身體得到解放，終於能做它被大自然所設計賦予的工作：自我修復。當然，你對內疚與憤怒的感受可能會很真實，但這些情緒只會在貝塔層次出現，一旦開始練習心靈圓夢術，它們通常都會消失。

←

步驟3

在心裡對自己說出【步驟1】的內容：表達你的渴望，來達成一場徹底的心靈大掃除，成為一位充滿愛與寬容的人。

【重點】要使用積極正向的語句、正向的思考。

←

步驟4 在心靈感受一下現在正在折磨你的病痛，**使用心靈螢幕**來經歷並感受那病痛。

【重點】這個步驟要簡潔，不可太長，它的目的是把你的自癒能量集中到需要它們的地方。

↓

步驟5 很快地擦掉這個關於病痛的影像，然後感受體驗自己被完全治癒的感覺。感受一下處於完美的健康狀態是多麼的自由與快樂，抓住這個影像，浸淫在其中，慢慢享受它並且知道自己值得這麼美好——明白在現在這樣的健康狀態下，你與大自然為你量身訂做的目標是完全同步融合的。

↓

步驟6 再次強化你的心靈大掃除，並且在結束時對自己說：「每天每天，在任何一方面，我都變得更好、更好，再更好！」

這個流程要花多久時間？你又該多久做一次？

我的經驗是，**十五分鐘**差不多是最適合的長度，盡可能頻繁地做完整練習，每天至少要做一次，**做再多次都不會「太多」**。

請允許我在這裡先離題一下。你可能聽過這種說法：靜坐冥想是件好事，但是你一定要小心，做太多會走火入魔。人們說，這樣會導致你與真實世界脫節並且過分專注於自己，以致產生不良的影響。

這種說法是真是假，我並不知道，因為這說的是其他靜坐冥想學派，不是心靈圓夢術。我們強調的是去融合參與這個世界，不是從世界脫離出來——**我們不是要超越現實生活中的問題，也不是要忽視它們，而是要抬頭挺胸面對它們、解決它們。**對於這件事，你再怎麼樣都絕對不會「做得太多」。

現在回到自我療癒的練習：步驟一並沒有結束點，不論在貝塔層次、阿法層次還是希塔層次，都要隨時練習。體驗它，享受它，如果你在白天時感覺到它昏昏欲睡，就把三根手指相觸成圈，讓它立刻強化起來。

鐵齒醫師的嚴重頭痛

我們有許多心靈圓夢術中心都會為他們的學員出版資訊刊物，裡面充滿了學員們分享心靈圓夢術為他們做的事，包括如何控制頭痛、哮喘、疲勞和高血壓，案例多到無法數算。

這裡就有一個，我選擇它的原因，是因為作者是一位執業醫師。

我從大約十一歲開始出現偏頭痛，起初它們只是偶爾出現，還算可以控制。不過，隨著我年歲增長，它們愈來愈嚴重，最後變成了叢發性頭痛，每次都要痛三到四天，每次的發作間隔只有一、兩天。一個完全發展的頭痛真的可以毀掉一個人……它通常還會合併單邊頭部或臉面疼痛，感覺眼球彷彿要被推擠出眼窩。疼痛就像老虎鉗緊緊夾住我，我的腹部像翻筋斗似的翻攪著。有時候，藉著一種特定的血管收縮藥能稍微紓解疼痛的攻擊，但這種藥必須在一開始發作、頭痛還能忍受時就趕快服用才能見效。一旦發作了一段時間，就沒有什麼能減輕它了，只能忍受著等時間過去。我的程度已嚴重到必須每四小時就吃一次血管收縮藥，然而就算如此，疼痛緩解的程度還是很有限。

於是我去找一位頭痛專家求救，他為我做了一次完整詳細的檢查，確定我沒有任何生理上或神經系統上的異常。他給了我一些建議和治療，但那些建議和治療我之前就已經用過了！因此，我的頭痛依然持續著。

我有一位病人是心靈圓夢術的學員，過去一年來，她不斷建議我跟她一起去上心靈圓夢課程，我則一直跟她說我不相信那些無稽之談。有一次，我在頭痛第四天時遇到她，我看起來一定很糟，因為她說：「這不正是你接受心靈圓夢術的好時機嗎？下週會有一期新課程開課……你要不要跟我一起去？」

於是我註冊了新課程，每天晚上都認真忠實地去上課，果然，我那一週都沒有頭痛。可是，就在完成課程的隔一週，某一天夜裡，我因為劇烈的頭痛而醒了過來。

這正好是個機會，看看我受的訓練是否有用。我先做了一次自我療癒P111的流程，然後宣布：「沒有頭痛……我感覺很棒……」奇蹟發生了！只是，五秒過後，頭痛再度回來，攻擊程度甚至更猛烈。我不願放棄，又做了第二次流程，頭痛瞬間消失，然後再次回來。我做了大約十次流程，始終堅持不放棄，也打死不用頭痛藥物，我告訴自己一定要做到，最後，頭痛終於離開了。

之後一陣子我都沒有頭痛，當它再次發作時，我只做三次流程就解除了。之後三個月左右，雖然偶爾仍會頭痛，但我連阿斯匹靈都不需要了！自從我採用了心靈圓夢術，就不曾再吃過一顆阿斯匹靈，這真的非常有效！

芭芭拉修女自癒了近視和散光

除此之外，這裡還有一個修女的故事，她是密西根州底特律市的芭芭拉・伯恩斯姊妹。我挑中她是因為芭芭拉姊妹靈巧地創造並運用了屬於自己的觸發機制。

因為患有近視加散光，她二十七年來都戴著眼鏡，每次近視度數一增加，她的鏡片就愈厚，好減少距離的影響。在她的視力改善之前，遠近兩用的雙焦點眼鏡似乎是不可避免的必要了。

她在一九七四年的夏天決定採用心靈圓夢術。她在深層的靜坐冥想中告訴自己：「每一次我眨眼睛，它們就會像相機鏡頭那樣準確對焦。」每次的靜坐冥想過程中，她都對自己重複這句話，然後，才短短兩星期，她就可以摘掉眼鏡過日子，只有在閱讀時才戴它們。之後她去看了理查・弗洛狄加醫師，他是一位驗光師，也是心靈圓夢術的學員，他說她的角膜有一點變形，於是，在回診檢查前的幾個星期裡，芭芭拉姊妹把角膜矯正也放進了靜坐冥想的內容裡。

以下是弗洛狄加醫師受芭芭拉姊妹請託，寫信給我們的信件內容節錄：

「一九七四年八月二十日，我為芭芭拉・伯恩斯姊妹做了第一次檢查……一九七五年八月二十六日，我再次為芭芭拉姊妹做了檢查，她已經整整一年沒有戴眼鏡了……

病患的近視度數大幅降低，已經不需要再配戴眼鏡。」

當然啦！偏頭痛的醫師和芭芭拉・伯恩斯姊妹都不是為那種我們所恐懼的「重大疾病」

所苦，那麼，當那種疾病來襲時，心靈圓夢術是否能先下手為強？還是我們只能吞下藥物，等待時間過去？接著就來看看可能是所有疾病中最可怕的一種：癌症！

心靈擊敗癌症

你可能已經讀過癌症專家奧・卡爾・西蒙頓醫師（Dr. O. Carl Simonton）的著作，瑪麗蓮・弗格森（Marilyn Ferguson）在她最近的暢銷書《大腦革命》中，曾經描述了其中一些內容。一九七六年一月的《預防雜誌》（Prevention Magazine）裡，也刊登了一篇關於他的文章〈心靈擊敗癌症〉，由葛瑞斯・賀塞爾（Grace Halsell）執筆。西蒙頓醫師曾經學過心靈圓夢技巧，他成功地改造了其中一些技巧，來治療他的病患。

比病情嚴重程度更重要的事

他在掌管舊金山附近的崔維斯空軍基地裡的放射治療中心時，曾經研究過一個罕見但眾所皆知的現象：在醫學無法解釋的情況下，自己從癌症中復原的人們。這些人被稱做「自發性緩解」，他們在所有的癌症病例中，只占了極小的一個比例。根據西蒙頓醫師的推論，如果他能了解這些人康復的原因，也許就能找到一個方法來促使緩解發生。

他發現這些病患有著某種非常重要的共同點：他們通常是非常積極正向、個性樂觀，而且決心堅強的人。

在心靈圓夢組織一九七四年於波士頓舉行的大會上，他在一場致詞中說道：

「通常在癌症發展的進程中，研究者找到的最大的單一情緒因子是：在這疾病被確診的六到十八個月前，患者大多經歷了重大的失落。

這個結果也顯示，在許多由獨立研究者透過控制對照組所做的長期研究中……我們可以看到，重大失落不只是一個顯著的因素，每個人經歷失落的方式也扮演了重大的角色。

你看，失落已經足以造成一種無助和絕望的感覺，盤踞在患者心中，這很可能會導致他的基本抵抗力下降，進而讓惡性腫瘤發展到能夠臨床確診的程度。」

西蒙頓醫師在崔維斯空軍基地裡做的另一個研究刊登在《超個人心理學期刊》（Journal of Transpersonal Psychology）上。他將一百五十二位癌症病患的態度，從極度負面到極度正向，分為五個階級來評等，然後再用極差到極好幾個階級來評等病患對治療的反應。其中，有二十位病患治療的結果是極好——雖然他們其中有十四位的狀況，嚴重到五年存活率不到一半——其維持平衡的關鍵，就在於他們積極正向的態度。而在評量表的另一端，有二十二位病患顯示治療結果極差，他們之中沒有一位擁有正向的態度。

然而，當一些比較正向的病人回到家後，如果在態度上有所轉變，「我們就會看到他的病況也會有相對應的轉變。」很明顯的，**病患們的態度所扮演的角色，遠遠比病情嚴重程度要來得重要有力得多。**

期刊編輯引述了梅寧葛基金會的艾默・葛林醫師（Dr. Elmer Green）所說的話：「卡爾跟史蒂芬妮・馬修斯・西蒙頓（Stephanie Matheus-Simonton）……將具體化的生理自我調節功能和傳統放射療法做了完美的結合，在癌症控制上得到了非凡的成果。」

在波士頓的演講上，西蒙頓醫師引述了美國癌症協會總裁尤金・潘德葛拉斯（Eugene Pendergrass）一九五九年說的話：「有一些證據顯示，疾病的進程通常會受到悲痛情緒影響。我誠心希望我們可以將研究範圍擴大到涵蓋這種再明確不過的可能性——一個人的心靈擁有一種能夠發揮力量的能力，可以增強或抑制疾病的發展。」

西蒙頓醫師現在在沃斯堡的癌症諮詢與研究中心擔任醫療總監，他在那兒和治療師夥伴史蒂芬妮・西蒙頓一起合作，訓練病患們在心靈上參與他們自己的治療過程：「你看！我因著一個想法——在任何形式的治療反應上，病人們的態度都扮演著重要的角色，並且能夠左右他的疾病進程——而展開研究，在探索這個議題時，我發現心靈圓夢術（生物回饋與靜坐冥想）的這些概念成為我的有力工具，可以用來教導病人們如何開啟身心靈之間的交互影響，並且成為自己重獲健康過程中的要角。我會說這是最有力的一項工具，我一定會極力讓我的病人們使用它們。」

趕走恐懼，讓癌細胞自我毀滅

西蒙頓醫師最早用來訓練他的病人的措施之一，就是趕走恐懼。一旦這樣的教育展開，「我們知道，癌症其實是我們所有人體內都持續進行的一種正常程序，每分每秒我們體內都有癌細胞發展成惡性的變性細胞，身體會辨識出它們並將之摧毀，就像對付所有的異體蛋白一樣……問題不單單只是要清除所有的癌細胞，畢竟我們時時刻刻都在發展出癌細胞，重點是要讓身體再次奪回勝利，主導它自己的進程。」

在西蒙頓醫師致詞之後，西蒙頓夫人也發表了演講，她說：「大多數的人……都將癌細胞視為一種非常醜惡、卑鄙而且陰險狡猾的東西，它們會鬼鬼祟祟躲在身邊，而且力量非常強大，一旦它開始攻擊，我們的身體完全束手無策。

然而事實上，癌細胞只是一種瘋掉的正常細胞……它們是非常笨的細胞——經常因為繁殖得太快而阻斷了自己的血液補給，因而把自己給餓死。它其實非常虛弱，你可以切除它，用放射線照它，用化療藥物對付它，一旦它生病了，就再也無法恢復健康，只有死亡一途。

現在，我們拿它來跟一個健康的細胞比一比。我們都知道，在健康的組織中，如果你割傷了手指，就算完全不管它，只包個ＯＫ繃，它也會自己癒合；我們也知道，正常的組織都能夠自我修復……它們絕不會毀掉自己的血液供應。然而，看看我們對這些事物的心靈影像，你不只會發現恐懼的力量有多麼大（而我們卻只把它歸咎於疾病），也可以看到我們在恐懼中所使用的心靈意象。」

最有價值的抗癌工具

談到他們配合放射療法所使用的放鬆和觀想技巧，西蒙頓夫人說：

「心靈觀想技巧很可能是我們手頭上最具價值的一樣工具。我們會要求病患做三件基本事項：**觀想他們的病痛、觀想他們的治療，以及觀想身體的免疫機制。**（在我們的小組討論中）我們的談論內容都是描繪我們希望會發生的事，即使當時我們還不相信它真的會發生。用這種方式描繪它們，似乎是非常重要的一個過程。

我們所討論的重要事項之一，就是靜坐冥想。你多久做一次呢？在靜坐冥想的過程中，你都在做什麼？」

11

戀人間的親密練習

來一場深刻的心靈碰觸

這是一種極為強大的體驗，只要你試過一次，就會相信它是真的。

在西蒙頓夫人為心靈圓夢小組發表的演說中提到：若沒有妥善處理生活中的種種壓力，就會生病。「在我們的病患中，很少人擁有美滿的婚姻，」她說，「如果一位癌症病人能擁有美好的婚姻，那將是我們最棒的戰友，也是病患求生的最大力量。」

那麼，究竟是什麼造就一段美滿的婚姻呢？我並沒有全部的答案。我自己跟寶拉的婚姻非常美好，那是豐富而有趣的三十六年，但我並不完全了解為什麼。也許這種不完全了解的狀態，正是它之所以美好的原因之一。我說這些是為了讓你知道，關於不美滿的婚姻，我並沒有親身真實的體驗，因此對於如何搶救一場陷入危機的婚姻，我並不是專家——不論這場婚姻值不值得搶救。

不過，我的確知道幾個方法，可以在**夫妻雙方都有意願**的情況下，豐富並改善兩人的婚姻關係。你可能會期待我一開始就來談談性關係，畢竟許多人都相信那是美好婚姻的基礎，但我卻認為那是美好婚姻的結果而非原因，所以我會稍後再來談它。

心靈圓夢術的美好副產品

我認為，婚姻最重要的基石，是親密關係——不是那種毫無隱私的親密，而是來自於深刻了解與相互接受的那種親密。

我即將提出的建議會有點奇特，但我仍得先讓你們了解一些背景。在邁向心靈圓夢訓練終點時，除了會得到某種輕安喜悅，其實還有一些別的事情會發生，那是一種非常細微卻深刻的感覺：即將學成畢業的學員們**會感覺到彼此正沉浸在一種近似愛的親密感受中**。他們彼此素不相識，各自的道路可能一輩子都不會交錯，何況他們馬上就要各奔西東，活出自己的人生……然而，只要有機會再次相見，他們之間的這種連結感就會輕易地被喚醒。

一般普遍相信，這種感覺源自於一個事實：他們共同度過了一場深刻、一生一次難得的生命體驗，就像士兵們通常會在共同經歷過戰爭的深刻體驗後產生這樣的感覺，一群困在電梯裡一下午的陌生人之間也會出現這種感覺。

關於這種感覺，上述僅是部分的解釋，而且只是一小部分，但這是最常被抓出來談的部分，因為它很容易理解。還會有一些其他的事情發生，我會盡量努力說清楚。在深沉而持續的靜坐冥想期間會產生某種連結：**心靈會變得非常容易接受訊息，同時也被其他心靈輕柔地碰觸著**——通常只有那些一輩子都生活在一起的人們，才會產生那樣的心靈碰觸。

大部分速食式的親密關係，都是表面、虛假的，還會讓我們有一點不舒服。它們總是很短暫——但我說的這種體驗不同，它存在於一種持久的心靈層次裡。由於這是種細微而非強勢的感覺，所以如果你不曾從其他心靈圓夢術學成者口中聽到任何關於它的事，請不要太驚訝，只要你稍微提一下，那個人很可能就會說：「噢！對！我們都感覺到了，那是非常美好的感覺！」

這是心靈圓夢術的一種副產品，這門課程並不是為了達到這個目標而特別設計的，不過如果你們夫妻雙方都已經學過心靈圓夢術，這很可能可以用來特意創造出一種**非常舒服的親密關係**，這是只有多年來都共同生活的人才能達到的境界，它的成效會比我們的學員在課堂上所體驗到的感覺更強烈、更深刻。

下面就是做法：

練習 增進伴侶親密關係

步驟1

選一個你們倆都感到最舒服、最放鬆的地方，例如一起度假的地方、任何你們共享並擁有最愉悅回憶之處，它甚至可以是你們倆都未曾見過的地方——你們可以一起創造它。

【重點】千萬不要選一個兩人中只有一人去過的地點，以免破壞平衡並降低共享的感覺。

↓

步驟2 兩人面對面舒服地坐下來，盡量靠近彼此。全身放鬆，閉上雙眼。

↓

步驟3 兩人中，其中一人先說出下列話語：「我會慢慢地從十倒數到一，隨著每個數字，你將會感到自己愈來愈深入一種愉悅的、禪定的心靈層次。十—九—愈來愈深入—八—七—六—深入再深入—五—四—繼續往下深入—三—二—一。你現在已經完全放鬆，並且處於一種愉悅的心靈層次。在你的協助下，我將會到達那兒與你同行。」

↓

步驟4 接著，換另一個人說：「我會慢慢地從十倒數到一，隨著每個數字倒數，我們會在深刻的心靈層次中愈來愈靠近。十—九—你感覺到跟著我一起愈來愈深入—八—七—六—我們一起深入再深入—五—四—繼續往下深入，並且更靠近彼此—三—二—一。我們現在都已經完全放鬆，並且處於一種愉悅的心靈層次。讓我們一起進入更深的層次。」

↓

步驟5 換第一個說話的人說：「好的！讓我們一起進入非常深刻的層次，讓我們一起體驗屬於我們的輕安之境，我們的體驗愈豐富，就能進入更深的境界。注意看天空……」

←**步驟6** 「是的……它是清朗的，飄著幾片雲朵……」你們要各自緩慢且自然地描述兩人共同經歷的場景——溫度冷暖、色彩、聲音，以及所有**令人愉悅**的細節。

←**步驟7** 當雙方都進入深層的心靈層次——**別操之過急**——並完全體驗著你們的輕安之境，你們其中一人要對另一人說：「我最想要的就是讓你快樂，只有這樣做，我才能讓自己快樂。」

←**步驟8** 另一人也要說：「我最想要的，就是讓你快樂，只要這樣做就能讓我自己快樂。」

←**步驟9** 停留一段時間——隨你們想要多久就多久——做無聲的心靈交流，然後醒來。

【重點】 在這段無聲交流的時間裡，有些人會凝視對方的眼睛，以達到更深層的體驗。對有經驗的靜坐冥想者來說，在阿法或希塔階層中睜開雙眼是完全沒有問題的，但如果你覺得這樣怪怪的，不必勉強。

這是一種極為強大的體驗，遠比你僅是閱讀它時所能想像得強大得多。只要試過一次，你就會相信我所言不虛。然後，只要你懂得自己發展出各種變化，它將會成為你們倆生活中一個永恆的部分。

交融的氣場

注意，**此方法若被誤用，這個體驗的美好將會完全消失。**若一起體驗的兩人當中，有一人不了解它的目的或不完全認同該目的，得到的親密交流感很可能會變成令人不快的體驗。**只有在雙方都共同尋求一種更深刻、更豐富、更長遠的承諾時，才能進行這個練習。**

我們每個人都有一種氣場，有些人可以看到它是一種環繞在身體周圍、隱約可見的能量場。經過訓練，我們都能看見這個氣場，事實上，這就是心靈圓夢術的另一個副產品。許多學成者都會描述到，他們可以看見自己和他人身周的氣場，這些氣場各有特徵，就像指紋一樣各不相同。當人們的身體彼此靠近，他們的氣場就會重疊，氣場的形狀、強度、顏色和震動就隨之改變。這經常發生在擁擠的戲院和公車上，也會發生在兩人共枕的床上。接觸得愈頻繁，氣場的改變就愈持久，若發生在夫妻身上，這種改變是良善美好的，因為他們的氣場會變得更互補、更融合。相對的，長時間的相隔兩地會逆轉這個程序，不消說，這對婚姻的和諧融洽極為不利。**身體上的靠近是極為重要的**，因此我建議夫妻睡雙人床。

性生活的各種可能

現在來談性關係吧！性不是一種單一體驗，它有一整個各種可能的領域。我說的不是技巧或姿勢這類的，我指的是體驗——在不同深度與強度下的體驗品質。這就像快感和持久的愉悅一樣，中間有著極大範圍的可能性。太多夫妻閱讀著「如何做愛」的指導手冊，使用著某種完美的技巧，就認為自己擁有美好的性生活。他們謹慎地思考每個步驟，每一步都理性地引導到下一步，努力在表面的、意識的貝塔層次保持所謂的深刻體驗，但更重要的應該是在深沉的靜坐冥想層次裡滿溢出各種體驗和心靈的放鬆。

讓自己擁有敏銳的心靈，可以無限地豐富並改善一場婚姻。就算未經訓練，持久而快樂的婚姻還是能在親密夥伴之間建立起心靈上深刻的相互理解與默契，那你還在等什麼？

12

你也可以開啟超感應力ESP

你的生活即將永遠改變

我們每個人都有心靈力量，
也能夠在現實生活中施展運用！

超感應力（ＥＳＰ，Extrasensory Perception）是真的嗎？今天，幾乎所有有研究的人都認為它是真的。有些訊息可以透過五感之外的某些方式傳達給我們，這件事為真的概率統計已經精確到不能再更精確了。這些訊息可以是來自於過去、現在或未來，可以來自於你身邊或遙遠的他方，當所謂「特異功能」的主體在運作ＥＳＰ時，不論是時間、空間，還是法拉第籠（Faraday cage，一種由金屬或良導體製成的籠子，可以阻擋外部電場的干擾），都無法阻擋它們。

ＥＳＰ的意思是「超出感官外的覺知能力」，我不是很喜歡這個用語，因為「超感官」意指它是外來的，與我們的感覺器官是分離的，這好像是在否定五種感官之外還存在有另一種感覺器官，但既然我們不必用到五感中的任何一個就能感知到訊息，很顯然確實有另一種感覺器官存在，所以ＥＳＰ絕對不是什麼超感官。

至於覺知（Perception）這個字，如果講的是杜克大學Ｊ・Ｂ・萊恩博士所做的那一類實驗，那就很恰當。他們會讓有感應能力的人去猜某種特殊卡片背面的內容，正確率非常高，高到幾乎不可能是巧合或僥倖。然而，在心靈圓夢術裡，我們不單單只是感知，事實上，我們是**主動將我們的感知力投射到所需要的訊息所在之處**——要形容我們所做的事，「感知」這個詞實在是太消極了。因此，在心靈圓夢術裡，我們會說那是「有效的感覺投射」（Effective Sensory Projection），英文的縮寫一樣是ＥＳＰ，這樣很好，因為我們所指的這一切一般都能被ＥＳＰ以及其他更多人所理解。

要體驗ＥＳＰ不需要透過猜卡片的訓練，那些測驗的目的是找出有心靈力量的人。我們早已知道大家都擁有心靈力量，因此設定了一個更大的任務——訓練人們在真實生活中施展心靈力量！我們所用的方式非常激勵人心，因此人們都能經驗到某種精神上的「高潮」，那種體驗是如此深刻強烈，以至於他們的生活永永遠遠地改變了。而這一切，會在上完四十個小時的課程和練習之後發生……。

心靈檢測練習

我們定期且有效地訓練人們運用心靈力量，目前已成功訓練超過六百萬名學員。

當你把本書讀到這裡時，應該已經掌握了所有的技巧，可以開始準備練習ＥＳＰ了。你將能夠⑴進入深遠的心靈層次，同時還維持意識完全清醒；你將能夠⑵看到事物或事情，就像充分運用五感那般真實——這就是進入心靈世界的兩座大門。

第一階段要先請理性邏輯讓位

來上心靈圓夢課程的學生們，大都在第二天結束前就差不多都能在心靈層次運作，到了第三天，他們就能夠實際運用心靈力量——將自己的意識投射出身體外的世界。一開始，他們會先做一個很簡單的視覺想像練習。

在極度深刻的靜坐冥想層次中，將自己投射到自家大門前，想像自己就在那兒，仔細觀察看到的每一件事物，然後走進大門，站在自己的客廳裡，面向南面的牆。他們會看到這個房間在晚上時燈火通明，到了白天，陽光透過窗戶照射進來，他們仔細研究每一個能夠記住的細節。接著，他們碰觸南方的牆面，進入那面牆。對你來說，這聽起來可能很詭異，但對那些曾經受過視覺想像力加強訓練的人來說，卻是再自然不過的事。

牆壁裡面是他們從來不曾到過的地方，因此他們會注意並記下那兒的光線、氣味以及溫度，從裡頭敲敲牆的內面，感受建材的硬實度。然後他們走出那道牆，再次面對它，並且將牆面的顏色改變為黑色、紅色、綠色、藍色和紫色，最後再次回到那面牆原本的顏色。接著，他們會拿起一把椅子——在這個空間裡它是無重量的——以牆為背景開始觀察它，同時再次改變椅子的顏色。之後，對著一顆西瓜、一顆檸檬、一顆柳丁、三根香蕉、三根胡蘿蔔和一顆萵苣頭做同樣的練習。

當這個階段結束時，最重要的第一步就完成了，他們已**將理性邏輯思考的腦袋請到後座，然後讓自由想像的腦袋來到了前面的駕駛座**。

在我現在敘述的這類練習裡，理性邏輯思考會告訴學員們：「不！別跟我說你現在正在一道牆裡面或其他什麼奇怪的鬼地方，你知道那是不可能的事，你現在正坐在這裡！」然而，經過一連串的視覺想像練習，我們自由想像的心已經增強力量了，它有能力忽略理智的聲音。當想像力成長得更強壯，我們的精神力也會跟著變強，因為掌管精神力量的，正是能夠自由想像的心。

在接下來的課程裡，學員們會在心靈上將自己投射進方型或圓筒狀的金屬塊裡——不鏽鋼、銅、黃銅，還有鉛——就像在牆壁裡那樣，他們會在這些金屬中分析檢視它們的光線、氣味、顏色、溫度和硬度。

這一切程序都保持一種快速流暢的節奏，讓理性邏輯思考無法及時出來礙事。

他們的練習對象會由簡單變複雜，以提升學習程度，所以，他們接著會開始將自己投射進有生命的物體，比如說一棵果樹。他們會在自己的心靈螢幕襯上一連串色彩，以此為背景來檢視一棵果樹的四季變化，然後投射進葉子和果實。

現在，向前跨出巨大的一步：把自己投射進一隻寵物裡。到目前為止，學員們都做得非常成功，因此只有很少人腦中會閃過「我真的能做到嗎？」這個疑問。他們信心滿滿地在自己的心靈螢幕上檢視一隻寵物的外型，然後讓牠變換顏色，接著，以同樣的信心，他們在心靈上進入牠的頭蓋骨和活生生的腦部。他們在寵物的腦中觀察審視了幾分鐘後便浮出離開，並再次從外部觀察牠，但這次把焦點放在胸部。接下來，他們會在心靈上進入牠的胸部，細察牠的肋骨、脊椎、心臟、肺臟和肝臟，然後浮出離開。

請掌握住上述練習了解到的重點，因為第四天將會面對人類做練習，這很可能會成為他們生命中最瞠目結舌的一天。不過在這之前，還有一點準備工作得先做。

造一間你的心靈實驗室

心靈圓夢術的學員在特別深沉的靜坐冥想層次裡有時甚至會進入希塔層，而以他們訓練有素的想像力來說，他們可依各人覺得舒服自在的喜好，隨心所欲地創造建構出任何大小、形狀和顏色的實驗室，其中還包含一組他們自己設計的桌椅、一只時鐘、一本包含過去、現在和未來所有日期的月曆，外加一個檔案櫃……。到目前為止，沒有任何不尋常的地方。

要了解接下來的步驟，我必需再次點出，我們的心靈感應裝置距離語言和理性邏輯思考已經非常非常遙遠，而與影像和象徵非常非常接近。之所以指出這一點，是因為接下來的步驟是：為各自的實驗室設置一臺「儀器」，用它來在心靈上測出人類身上的異常之處，而這位被測者會在第二天接受確認檢查。在這個訓練中，學員們所設計出來的儀器大部分都跟你在實驗室裡看到的不一樣——只要我們想要，它們可以是非常有用的符號，換句話說，就是象徵性的器具。

請開始想像：一個網眼很細的篩子，可以從血液中濾出雜質；一支細緻的刷子，可以掃去心靈之眼在關節炎病患身上看到的白色粉末（鈣）；幫助快速癒合的藥；可以洗去罪惡感的浴缸；一組內建特殊音樂的高傳真音響，可以撫平悲苦憂傷。每一位學員都配備有他們自己的醫療設備，沒有哪兩套工具是完全一模一樣的，它們來自於無所不能的世界，來自於深遠的心靈層次。許多學成者都能意識到，他們利用這些工具進行的工作，會在我們所謂的現實世界中收到成果。

召喚你的顧問者

學員們在使用這些工具的同時，可能會需要一些智慧的顧問者，可以在遇到困擾疑惑的時刻提供協助——一個內在的「小而堅定的聲音」。不過，對心靈圓夢術的學員們來說，那可不是一個小聲音，而是一種強而有力之聲，而且不只一個，是兩個。

每位學員可以在自己的實驗室裡召喚兩位顧問者，一位男性，一位女性。在開始進入這段的靜坐冥想前，我們就會告訴他們可以這麼做。如果你和其他大部分的學員一樣，就會對想要找誰來當顧問者有相當明確堅定的想法。雖然他們的口袋名單很少會實現，但結果卻絕不會讓他們失望。

- 有一位學員希望能見到愛因斯坦，來的卻是一個畫著小丑妝的小男人，鼻子上裝著一顆玫瑰色的乒乓球，頭上還帶著附有風車的棒球帽。最後，這個小男人提供了許多可行且可靠的實用建議。
- 山姆・梅里爾曾經在《新時報》（New Times）上面寫了一篇關於心靈圓夢術的文章（一九七五年五月二日），提到他曾經召喚兩位非常真實的人來當顧問者，不過他們的行為舉止卻和本尊差了十萬八千里。他創造的實驗室是鸚鵡螺號潛水艇，梅里爾寫道：

「一個穿著絲綢襯衫配燈籠褲的小男人，從減壓室裡冒出來，他瘦瘦的，頭頂禿禿的，看起來很溫和，母鹿般的雙眼鑲嵌在眼窩中。我的顧問是威廉・莎士比亞（William Shakespeare）。我說：『嗨！』但他沒有回答。」

「……一個虛幻的聲音宣稱我們正離船上岸，於是我和威爾（威廉的暱稱）跳出艙門，落在一片荒涼的沙灘上……」

「我在海灘上遇到了我的第二位顧問員——蘇菲亞・羅蘭（Sophia Loren，義大利國寶巨星），她剛剛游完泳回來，身上的棉質T袖性感地貼在誘人的胴體上。一開始，她也一樣無視我的存在，但一看到莎士比亞就狂喜到不行。這兩個人相互握手，彼此互開玩笑，然後倒在沙子上，開始扭打、抽搐，發出咕嚕嚕的咕噥聲和又長又高的尖叫聲……」

第二天，到了要實彈測驗——認真檢視真正病患——的時候，梅里爾先生的劇作家（男顧問者莎士比亞）給了他一個佛羅里達州六十二歲老婦人的名字，但那兩位顧問者對彼此的興趣遠遠大過對婦人的關心，邊玩邊鬧地檢查了她一下，就離開去處理更緊急的事了。

顧問者會不給任何建議就離去嗎？答案是不會——老婦人的下腹消失了！「你可以直接看到裡面……」梅里爾寫道，「一段如粉紅色霓虹燈般的長長腸子，閃著刺目的光芒。」他的劇作家讓他了解到，老婦人因為嚴重的腸道發炎——憩室炎，正住院治療中。

對心靈圓夢術的學成者來說，顧問者可以是非常真實的。但他們究竟是什麼？我們並不確定——也許是一些完美形像的虛擬想像，也許是內在聲音的一種具象呈現，也可能是其他更多的什麼東西……。不過，我們確實知道：一旦我們遇到自己的顧問者，並學會如何與他們共事，這樣的夥伴關係絕對是可敬且無價的。

早在紀元前四百年以前，希臘哲學家蘇格拉底（Socrates）就有一位顧問者，但他跟心靈圓夢術的顧問者不太一樣，他的建議只會出現在示警時刻。根據柏拉圖（Plato）的記錄，蘇格拉底曾說：「從我還是個孩子時，就一直有一位半神半人陪伴、看顧著我，他的聲音不時會出現，勸阻我不要做某些事，但從來不曾指示我該做什麼。」

另一位文史學家色諾芬（Xenophon）則記錄，蘇格拉底曾經說：「截至目前為止，那聲音從來沒有錯誤過。」

你很快就會看到，當一名心靈圓夢術學成者在他的心靈實驗室裡充滿信心地向顧問者諮詢時，會具備一股無限強大的力量，可以造福自己與他人。心靈圓夢訓練到了這個時候，學員們大都可以理解這一點，只是還沒有真正體驗到。

開始檢測人體

到了課程的第四天，空氣因期待而隱隱顫動著，連回來複習課程的學成者都能感覺到。到目前為止，學員們所經歷的一切，很明顯都僅止於他自身內在的心靈體驗，是屬於個人心中非常隱私的一部分。現在，終於到了將它們展現出來，讓所有人都能看到的時候了！

在開始之前，得先做兩個心靈練習——用心靈檢視一位朋友的身體，這很像之前對寵物所做的練習，但會多一些功能性的細節。為了完成練習，我們先將學員們兩人一組分組。

每一對學員中，會有一位被稱為「心靈導向師」（Psychorientologist，這個字源自於我自創的psychorientology這個字，用來描述我們在心靈圓夢術中所做的一切活動，它的意思很單純，就是：一切都以心靈為導向），另一位則是「心靈運作師」。

心靈導向師先在一張卡片上寫下他認識的某個人的名字、年紀和日常活動範圍，並描述一下此人某些主要的身體病痛。心靈運作師則進入自己的層次（有時會藉由他的心靈導向師的協助），此時，對於即將要做的事，他很可能還帶著第一次，但也是最後一次的懷疑。

當他表示準備好了——他已進入自己的層次，進入心靈實驗室，並且見到顧問者——的時候，心靈導向師就會告訴他寫在卡片上那個人的姓名、年齡、性別和所在地，而心靈運作師的工作，就是找出這個他素未謀面也從未聽聞過的人身體哪裡出了問題。他從裡到外檢視這個人的身體，依循想像力所受訓練的既定方式進行，並在必要時向他的顧問者諮詢，甚至可能跟那個人本身「對話」。

在心靈運作師的進行過程中，心靈導向師會激勵、驅策他回報得到的資訊，以「保持對話，即使你覺得你是用猜的」。基本上，每一段練習聽起來大概會像這個樣子（以下對話節錄自一個真實案例）：

心靈導向師說：「我列在這裡的人名字是約翰•桑莫，今年四十八歲，住在印第安納州的艾克哈特縣。一，二，三——印第安納州艾克哈特的約翰•桑莫現在已經出現在你的心靈螢幕上，去感覺他、感受他、觀視他、想像他、創造他，你知道他就在那兒——他當然就在那兒！用你的智慧去掃描他的身體，從你知道是頭所在的地方，一直到你知道是腳所在的地方，往上，往下，往上，往下，一秒一次。在你利用這種方式掃描身體的同時，請用你的想像力選擇三個最吸引你的區域。繼續保持一秒一次的掃描速率，當最吸引你的區域出現的時候，請告訴我是哪裡，你會覺得這一切好像都是你自己捏造出來的，因此，請告訴我所有進入你心中的事物。」

心靈運作師說：「他撐著他的右肩，有一點低，有一點往前……其他一切看起來都還好，可能除了他的左腳踝……讓我們看看胸腔裡面……所有一切都很溫暖……不過右邊區域有些涼意……比較冷，也比較黑……他的右肺不見了……現在來到那個腳踝……看起來還好，只有一些鋸齒狀的白色線條在那兒……天氣濕冷時會痛……之前一定有摔斷過……我想就這樣了……等一下，我的女性顧問正把他轉過背面來給我看，並且指著他耳朵後面的一個小點……是了！那裡有一個非常深的疤痕……他曾經動過乳突手術，非常深……好吧，就這樣了。」

心靈導向師說：「非常好，他失去了他的右肺，一隻耳朵後面有一個非常深的傷痕。至於腳踝，我就一無所知了。現在，請回顧一下你告訴我右肺和耳朵後面的傷痕時當下的感覺。請再次回顧那種感覺，以做為下次運作心靈檢測時的參考值。」

經過片刻的休息後，心靈運作師回到現實的貝塔層次，面帶微笑。「哇噢！那真是太瘋狂了！」

沒錯，那的確很瘋狂。它違反了我們在這個理智正常的世界中所經驗的一切，不過說真的，我剛剛描述的這一幕當中，真的沒有任何奇特之處。有些人在第一次的練習中會漏掉一點細節，有些人在第一次、第二次、甚至是第三次練習時，都無法掌握全部線索，但在這天即將結束時，幾乎所有人都累積到夠多的直接命中率，足以讓他們知道：**這絕對不是「單純的巧合」**——這裡有某些非常真實的東西正在運作著。

我們經常認為想像力是個不負責任的胡話創造者，在大部分情況下，通常是如此沒錯，但藝術作品都是訓練有素的想像力產物——**心靈運作的成果也一樣，是經過特殊方式訓練後的想像力產物。**

當心靈圓夢課程的學員們第一次以心靈運作奏效時，會覺得他所看到的一切都「只是想像」。這就是為什麼心靈導向師會告訴他：「保持對話，即使你覺得你是用猜的。」一旦停止對話，心靈運作師的邏輯思維可能會誘使他開始理智辯證，因而扼殺了心靈的力量——就像它在你每天日常生活中做的那樣。然而，只要有第一次直接命中的經驗，心靈圓夢術學員就會知道他絕非只是「單純的在想像」。他會想像，並學著去相信第一個進入心中的線索。這是他心靈天賦的展現！

無數的成功案例

真正在運作的，完全是自然的法則，我們的心並不會只禁錮在我們的腦袋裡，它們會向外伸展。如果要有力量地向外伸展，它們必須由欲望驅動，由信念滋養，由期待來點燃激發出火花P052。

在第一次練習時，大部分的學員都不會抱有很高的期待。假使他所得到的資訊夠豐富，並且有一顆開放的心，那他一定會非常了解有一種東西叫做ＥＳＰ，只是他這輩子所受的教育訓練都在向他「證明」ＥＳＰ是別人的能力，而不是他的力量。一旦他了解到事實並非如此，一旦他第一次直接命中答案，他的期待就會大幅躍升，那他就走在他的道路上了。幾小時後，等他又有其他八、九個完美成績入袋，就差不多是個心靈圓夢課程的畢業生了。

難搞的病症

《午夜》（Midnight）雜誌的比爾・史塔在他的文章〈心靈圓夢課程「能夠」證明你的心靈力量〉（一九七三年十一月十九日）中寫道：「我一次又一次地看到學員們正確無誤地診斷出疾病……」他在文中描述了一個他曾經親身參與的案例，那明擺著是一個非常難以診斷的病人，因為不論是他，還是班上任何一位學員，都不知道那是什麼疾病……。

那天稍早，心靈圓夢術的學成者——湯瑪士先生到醫院去探望他兒子，房裡還有另一位病人，除了名字外，湯瑪士對這位病患一無所知。

以下是心靈檢測的發現：右腳「有某種程度的癱瘓麻痺」，雙臂和肩膀都很僵硬，背部的部分脊椎因為某種疾病而融合了，此外，這個人還喉嚨痛，腸子也有發炎紅腫的狀況。他有一百六十八公分高，四十八公斤重。

回到醫院後，湯瑪士發現這位病人從孩童時期就受到小兒麻痺症的侵害，他從輪椅跌下來，摔斷了右邊的髖關節，所以才來住院。心靈圓夢術學員所描述的其他一切都正確無誤，只除了喉嚨痛和腸子發炎，那些是病人兒子的症狀。

大部分時候，一些看似弄錯的檢測，到來都是感應錯目標，多練習瞄準力就會提升。

失落的手稿

經過更多練習之後，這種心靈力量還可以與物品連結，就如同與人連結一樣。

迪克・馬薩是紐約的一名歌手兼演員，也兼職幫作家或出版社為書本手寫稿打字來貼補收入。有一天，他弄丟了一份手稿，情急之下狂打電話聯絡一位心靈運作者，希望對方能來幫他尋找。他表示最後一次看到手稿時，他正走進一座小教堂的禮堂，要去排練一齣戲，有一群年輕的殯葬人員正要離去，他們到這裡是為了做最後的結業練習。手稿放在一個白色的信封裡，信封上寫著迪克的名字和地址，還寫上「急件」這兩個字。

這位運作者先會合他的顧問者，其中之一是一名瘖啞的老婦人，只能靠點頭搖頭來表示是或不是，另外搭配某種手語；男性顧問者則扮演翻譯的角色，偶爾才會加入自己的建議。

他在心靈層次中觀視到迪克所說的那份手稿，它在一張很大而凌亂的辦公桌上，躺在一大疊紙張文件中間。

「手稿在那邊安全嗎？」他問他的女性顧問者，她點頭——是的。

「是那些年輕殯葬人員的其中一人拿走了嗎？」不是。

「這張辦公桌是在教堂裡嗎？」不是。
「它會很快被送回來嗎？」是的。
「到底是誰拿了它？」
她指了指心靈運作者本人。「是我拿的？」他問。
不是。
這時，男性顧問者出來解圍了。「她的意思是，有個和你年紀差不多的人拿走了。他請一位年輕女士把他的文件拿回辦公室，因為他正要跟學生一起出去慶祝。它就在他的辦公桌上；別擔心，等他看到它，就會把它寄還給迪克了。」
兩天後，殯葬學校的校長打了電話給迪克並解釋了一番。原來，結業典禮過後，校長抱起一疊文件，不知怎的也把迪克的手稿一起抱了起來，後來他又請祕書把它們帶回去放在他的辦公桌上，因為他正要和那些剛結業的學生們一起出去喝一杯。
面對這樣的事，許多人第一個想到的就是：所謂的心靈檢測不過只是思想轉移罷了。
「不過只是」！這些人是有多複雜啊！
稍早被我拿來當例子的個案——失去一個肺的病人——是個真實案例。你應該還記得其中有一個明顯的失誤——斷掉的腳踝。心靈導向師確認了乳突手術和失去的肺（他事前就已將它們寫在卡片上），但對於斷掉的腳踝，他唯一能說的就是：「我對它一無所知。」

後來，這位被當做案例的人也確認了，他曾在幾年前摔斷了腳踝，以致每次天氣潮濕時，那兒就會不舒服。思想轉移嗎？心靈檢測絕對不是我們平常所理解的思想轉移，所謂的「思想」並不在心靈導向師的心裡，因為他並不知道那個人曾經摔斷過腳踝；當然，在那個當下，也不太可能會在那個「個案」本身的心裡。

連當事人都已遺忘的往事

你也許會認為它可能一直都在那個個案心中，是有這個可能，但這裡有另一個例子：

一位學員在做診斷報告時說一位女士的手肘上有個因骨折留下來的傷痕，心靈導向師對此毫無印象，於是與那位女士聯絡確認，結果對方否認說她的手肘從來沒受過傷。過了幾天，這位女士跟母親提到了這件事，結果竟然發現——她曾經在三歲時摔斷了手肘！

這是思想轉移嗎？

人們發出最強心靈能量的時機，通常都是生死存亡的時刻，這就是為什麼有那麼多自發達到ＥＳＰ的個案都和意外事故或突發死亡事件有關。正因為如此，我們最後的練習才會安排與重症病人實地演練。心靈圓夢術學成者會持續不斷地認真練習他的實地診斷演練，學會接住任何心靈信號，哪怕是極微弱極細小的信號，都不會放過，直到哪天他能用心靈與心中想到的任何人取得連結，不論那人是否正身陷麻煩——只要能夠不斷練習，我們就會愈來愈敏感。

成為一個小孩子

我在早期的實驗中發現，孩童往往比大人們更快展現心靈能力，因為他們所受到的貝塔觀點影響遠比大人少得多——對於什麼可能、什麼不可能，他們受到的限制沒那麼多，而且他們的現實感也還沒發展到會讓他們說只有這樣那樣的事才符合邏輯。

在心靈圓夢課程的雛型剛剛發展出來後，我們設計了一個實驗，後來發展成我上面描述的心靈檢測課程架構——如你所見，我早期所使用的技巧和現在用的可說大不相同。

我們找來兩個孩子——吉米和提米，他們都已受過基本的心靈圓夢術訓練。我將他們分別放在兩個不同的房間裡，每個孩子都有一位實驗者（有點像是心靈導向師的前身）陪伴。

我們讓吉米進入自己的層次，然後用想像力去創造一些東西，任何東西都好。於此同時，在另一個房間的提米也進入了自己的層次，我們要他去找出吉米正在做什麼。吉米跟他的實驗者說：「我正在做一臺小卡車，它有綠色的車身和紅色的輪子。」

提米的實驗者問他：「吉米現在在做什麼？」

「噢，他正在做一臺玩具小卡車。」

「很好。它是什麼樣子呢？」

「噢，它有綠色的車身和紅色的輪子。」

與我們在課堂上跟大人們所進行的練習相比，這是一種在更微妙的層次中進行的個案檢測練習——**我們都需要練習，才能「成為一個小孩子」。**

13

心靈檢測練習小組

團練的步驟和注意事項

一定要每個人都已經「準備好了」，才可以開始「一起」進行心靈檢測練習。

我希望你能透過閱讀這本書將自己的心靈力量盡可能的發展提升，達到我們在心靈圓夢課程上所達到的程度，這需要長期持續且穩定的練習運用。到目前為止，我教給你們的一切內容都可以獨自練習，在一、兩個月內，當你愈來愈熟練時，就可以開始進行我們在第十二章介紹到的心靈檢測練習了。一旦到了這個階段，你將會需要其他人的協助，在謹慎控制的情況下進行練習。接著，我會告訴你該做的事。

小組練習的步驟

在你準備開始進行本書第一個練習前，請先找到至少**六個**志趣相同，願意一起學習、練習的合適夥伴，組成一個小團體；**在進行單獨練習的同時，也要彼此保持密切聯繫。**當每個人都已經準備好（能真正掌握練習成果）時，就可以開始進行心靈檢測練習了。

你們**至少要留一整天的時間來做第一階段的練習**（P133），每個人都要準備至少四張資料卡，每一張的一面都要寫上某個重病之人的姓名、年齡和居住地，另一面寫上所生的疾病類別、狀態等，盡可能寫下大量的細節，這在驗證成果的時候會很有用。

一開始，先試著在心靈上把自己投射進入金屬中，你可能沒有辦法像我們在課堂訓練時那樣，有金屬方塊或金屬圓筒可以用，所以可以改用銀製的一角錢幣、銅製的一分輔幣、一只黃金製的戒指，或是一小塊磁鐵。你必須仔細檢視這些物件，然後進入自己的層次，並開始想像，**一次只想像一個物件**——在眼睛上方、你面前幾公尺處將它描繪出來，想像這個物件開始擴張長大，幾乎和這間房間一樣大，然後進入其中，開始進行各種各樣的試驗。

接著，對各種水果和蔬菜做同樣的練習，最後則是某隻小動物。當你們感覺到對某樣物件的測試結果很明顯不同於其他物件時，這些練習就可以視為大功告成。每項測試的結果並不一定需要很清楚、很細節，只要**對每個物件的整體體驗跟其他受測物件的體驗有明顯不同**就行了。你的概念感受到頭來很可能跟其他人截然不同，那沒有關係，重要的是——你得到的體驗將成為你未來的參考值。

我目前尚未能找到方法，可以透過印刷紙本來教導你們召喚顧問者，如果你能夠用某種方式自己召喚出顧問者，那當然很好，但**沒有顧問者也無所謂**，你還是能順利進行下去，只是進度會慢一些而已。

在進行臨床檢測練習時，請像我們在心靈圓夢課上所做的那樣，兩人一組分組。你可以在第十二章看到心靈導向師在心靈運作師敘述病患狀況時對他所說的話P141，那些都是我們在課堂上**真正會使用的話語**，因此我建議你們的團練小組也用同樣的話語來進行。

一定要注意的事項

你們應該在謹慎控制的情況下進行練習，以下就是所謂謹慎控制的情況：

(1)選一個安靜且不太可能有人會來打斷或干擾的地方。

(2)確認小組中的所有成員都已經依照正確順序練習過本書裡頭的所有練習，並且都得到成功的結果。

(3)大家都要在事前同意，**過程中不得有任何自私自大的行為**。在一開始時，小組中很可能會有某個人表現得比其他人更出色、更成功，但這並不代表他是最好的，或是在任何感知能力上是最厲害的，他只是第一個成功罷了。有些人可能要到第五或第六次練習才開始運作他的心靈能力，但那些進展最慢的人到頭來常常變成最厲害的心靈運作師。

(4)如果你認識任何心靈圓夢術學成者，可以邀請他加入你們的練習。如果他還有持續運用心靈圓夢術，那將會是極大的助力；假使他已經荒廢了，可以先請他簡單快速地復習一下這本書，或是再回心靈圓夢課程上一輪課（免費哦），這樣就能把記憶抓回來。

(5)當你擔任心靈運作師的時候，請把所有懷疑拋在一旁，全心投入其中。傾聽你的直覺——勇敢地猜測，其中最重要的是：請不要試圖去合理化你的發現，不要輕易說：「噢！那不可能！」然後等下一個印象出現。**出現在你心中的第一個念頭，往往會比第二個念頭更正確。**

(6)不要停止對話！從頭到腳仔細掃描受試者的身體，然後描述你看到的一切。

(7)當你擔任心靈導向師時，記得**不要做任何暗示**。你當然很希望你的心靈運作師能成功，但是跟他說「現在回到胸部去，你確定那裡沒有什麼不對勁？」是沒有任何幫助的。

(8)不要告訴心靈運作師說他錯了，在練習的早期階段，本來就容易會有大量的失誤，但這往往是因為心靈運作師感應到錯誤的目標——感應到另一個人。這樣的失誤相對而言並不重大，而且只要經由練習就可以修正。如果心靈導向師因此說了讓心靈運作師喪氣的話，很可能會讓進步停滯下來，因此只要簡單地說「我沒有這方面的資訊」就好了。

(9)要有耐心。如果超過六百萬和你一樣的人都能成功學會，你一定也能學成。你可能只是需要更多的時間，獨自練習並與固定的小組共同學習——**真的不需要太心急。**

(10)當每個人都能夠一而再、再而三地成功做出心靈檢測時，也先別急著解散小組，請繼續聚會、繼續一起練習心靈檢測。你們將會愈做愈好，然後很快的——**有一天你們將能獨自進行心靈檢測。**你們對日常生活中的細微訊息將愈來愈敏銳，而不是只對重大疾病等更有力的訊息才有感應。

⑾**不要用任何身在現場的人當病例。**面對面為人診斷，跟隔空為一個身在遠方的人檢測，在法律上有不同意義的：第一種情況叫做診斷，只有領有執照的執業醫師和健康照護人員才能這麼做；第二種情況則是心靈檢測，在法律上是完全沒有問題的。

⑿如果你在心靈檢測練習時發現被檢測者某處有異常，別急著告訴他這件事，那是他醫師的工作。你的任務是努力開發你的心靈力量，這樣才能用心靈力量幫他和其他人——而且是合法的。你只要在你的心裡把你所發現的異常修正回復就好了。**你是在心靈上檢測出它，那麼就在心靈上修正它吧！**

最可靠的心靈運作師

我曾經在本章稍早時提醒過你們，對於那些第一個成功的人，不要做太多的意義解讀，因為我自己經由一個非常有力的方式學到這個教訓。那已是一九六七年時的事了，我早期教的一個班上，有一位名叫吉姆・尼得罕的飛行教練……

吉姆在各方面都表現得很好，但令人意外的是，在課程的最後一天時，他所練習的每一個心靈檢測案例都百分之百錯誤，完全沒有一件事說對，班上其他三十二個人裡頭，沒有人像他那麼遜。

吉姆並未因此而灰心，他看到別的同學都做得那麼好，一個接著一個直接命中結果，反而更確認：如果他們做得到，他一定也能做得到。因此，他自己設計了一套專屬的練習計畫，在家跟一同參加課程的太太一起練習。他太太會把報紙上刊登的交通事故傷者資訊剪下來，每天晚上，他就進入自己的層次，試著去檢測這些傷者——她會告訴吉姆他們的姓名、年齡、性別和所在地，他則描述他們的傷勢。除此之外，她還會對他念出電話簿上的名字，讓他猜他們的職業。

經過六個月完全無命中的檢測練習後，吉姆終於有了重大突破，他成功檢測出他的第一個案例了，然後是第二個、第三個，一個接著一個。他現在和我一起待在拉雷多，負責訓練心靈圓夢術的講師，是我們最可靠的心靈運作師之一。事實上，吉姆現在不用進入自己的層次就能運用他的心靈力量，這已經成為他日常生活的一部分了。

一天晚上，吉姆正在課堂上協助一班學員進行召喚顧問者的練習，當時他處於貝塔層次，也就是外層意識狀態，卻看到一名巨大的黑人男子，身穿金色錦緞長袍，戴著一只寬版寶石臂鐲，慢慢靠近其中一名學員，但那學員拒絕了他，於是他走向另一位學員，然後消失在一片光暈之中。

練習結束後，第一位學員報告說她只有一位顧問。雖然一開始出現了兩位，但那位男性顧問是奧塞羅（莎士比亞四大悲劇之一《奧塞羅》裡的主角——威尼斯公國黑人勇將奧塞羅），他並不是一開始就出現，但練習結束時他就在那兒了。」

你可能不必像吉姆・尼得罕那樣不屈不撓努力那麼久——那是非常罕見的，但如果你花了很長的時間才成功，那並不代表你沒有心靈天賦，只是成功花了比較久的時間才來到你身邊罷了！

14

用心靈圓夢術幫助他人

不只檢測，還要療癒

將我們的意向從搜集資訊轉變為療癒修復，
就能發揮心靈治療的力量！

進入一個你從未謀面的人體內，為他檢測疾病，已經夠驚人了吧？不過，我們絕對不會僅止於此。

什麼是心靈治療？

當我們將意識投入某人體內的同時，也會將療癒投入其中。

很顯然的，意識的投射帶有某種能量，一種由我們心中的意向來控制方向的能量，**只要將我們的意向從搜集資訊轉變為療癒修復，我們就能轉變能量的作用。**

那麼，要如何將我們的意向與這股能量連結起來，好讓它完成我們想完成的事呢？單就「意向」來說，它最原始純然的樣貌是某種類似意志力的東西，但就像我在第九章所說的，單單靠意志力是沒什麼大用的。因此，當我們運用想像力看到並檢測出異常的同時，也必須用想像力去呈現出我們希望它們成為的樣態——一切正常無異狀。這，就是心靈治療——就那麼簡單！

只要善用「心靈螢幕」技巧就行了

大多數你想要進行的心靈治療，其實都不需要先熟練心靈檢測技巧。只要運用你的心靈螢幕P045，依照解決問題的心靈控制技巧P055，就能夠成為一位十分厲害的心靈治療師。事實上，就算只是在學習冥想靜坐和想像觀視的初學階段（第三章），還是能達到某些有效的成果。

生命中的許多可能性都懸在某種聽天由命的不穩定平衡上，但只要輕輕推一下，就能用你的方式讓它成為你想要的平衡。當然，有時候你會遇到平衡已經傾倒的狀況，此時就會需要更成熟洗練的心靈運作師——你未來將成為的那一種——來把它推回平衡狀態。我要提醒你的是：如果你堅持要等到心靈圓夢能力厲害到你滿意的程度才開始進行心靈治療，那將會浪費掉極珍貴、極無價的機會，去提供人們需要的幫助。

其實，早在開發出心靈圓夢術的很久之前——甚至還沒有一套組織化的治療方法之前，我就已經開始進行心靈治療工作了。我試過一個又一個方法，得到各式各樣的結果，最重要的是，我沒有等待。於是，多不勝數的治療效果就這樣真真實實的發生了——事實上，成功案例多到讓我在美墨邊境一帶成為一位頗有聲名的靈療者，許多人認為我天賦異秉或擁有非凡的力量，其實我只是大量的閱讀並不斷實驗，直到掌握到竅門而已。

與眾不同的治療方式

一個早期的治療案例可以顯示我過去所用的方法是多麼與眾不同。

一九五九年時，我聽說拉雷多附近的一位教區神父十五年來一直飽受膝蓋腫痛的折磨，經常得臥床休養。然而，疼痛和被迫臥床並非神父唯一的煩惱，他最痛苦的是——在彌撒典禮上，當司儀要求眾人跪下時，他，卻沒有辦法跪下。雖然大主教曾授予他免跪的特許，但沒有任何特許可以免除這位可憐人心中褻瀆了神聖儀式的罪惡感。

於是，我去見了他。「我想我可以幫助你，」我說，「我並不是醫師，但是過去十二年來我一直在研究心靈學，得到的結果非常類似你所熟悉的信仰療法。」

當我說出「非常類似信仰療法」這幾個字時，神父變得非常關心我的狀況——比關心他自己還要用力喔！

心靈學？「我從來沒有聽說過這樣一門學科，我希望你沒涉入任何我們神聖教會所不允許的事。」

我拚命跟他解釋我所學之心靈學的某些重點原則，以及治療機制是如何被觸發起來，可惜我所說的話沒有一句能夠契合對方的神學理念。他答應我會再進一步研究研究這個學科，也許之後很快就會電話跟我聯絡。他臉上的同情和聲音中滿滿的懷疑語氣，讓我對是否能有他的消息不抱任何期望——我倒確定他一定會祈禱上帝保守我遠離危險，因為在他心中，我面臨的危機比他自己的困境要嚴重得太多啦！

沒想到，一個月後他真的跟我聯絡了，於是我又再度坐在他的床邊。

「荷西，你知道的，上帝總是以奇妙的方式引導我們。你上次來訪後過了幾天，我收到一份供傳閱的書評，作者是教會裡的一位弟兄，其中有整整一個章節都在討論你跟我解釋了半天的心靈學。現在我對它有些了解了，我願意讓你在我身上試試你的方法。」

我在他身旁坐了一個多小時，跟他分享我的研究和我做過的一些案例。我待得愈久，就愈喜歡這位神父。後來，他開始有了疲態，於是我跟他道別準備離開。

「好吧！那麼，」他說，「我們什麼時候可以開始治療呢？」

「神父，我們已經開始治療了。」

「什麼意思？我不懂。」

「這是心靈的工作，神父，當我們說話的時候，我已經做了初步的工作。」

當天晚上回到家裡，我又做了後續的工作。第二天一早，神父打了電話過來，聲音中充滿驚訝與歡欣，他告訴我那天夜裡他的狀況有了極大的改善。

在我拜訪他的三天之後，他就能行走和跪拜了；從那之後，他的膝蓋再也沒有任何不舒服。這是奇蹟嗎？並不是！這純粹只是個單純的自然現象。而我，只是做了下面這些事。

在那一個多小時的聊天中，我們兩人都很專注、很放鬆，這兩種狀態都對治療很有幫助。我們討論的主題讓他對心靈學更增信心，而**信心之於心靈工作就和信仰之於宗教一樣，重要至極**。於此同時，我開始想像觀視他回復健康的樣態，並且學著愈來愈喜歡他——這點同樣至為重要，因為**愛是一種非常強大的力量**，我當然希望它能站在我們這一邊。

我還做了另一件事，為當天晚上要做的工作預做準備。為了在之後能更真實的想像觀視他，我仔細觀察研究了神父——他的臉、跟他握手的感覺、他各式各樣的表情和舉止動作、他說話的聲音……，總之就是他出現時的所有整體感受，這就是我所說的「初步工作」。

幾個小時後，神父就寢，我則回到家中，並隨即進行後續的工作。我當時所做的，和我現在的做法完全不同。當時我已經知道，心靈力量的傳送在人們生存受到威脅時最有效，但我那時並不是進入我的層次，而是屏住呼吸並同時在心中描繪出神父完全健康強壯的模樣。時間一分一秒過去，我始終屏息凝神，連我的身體尖叫著要求空氣都沒有放鬆，只是緊守著神父完美健康的影像。同時，我的腦部以一種心靈的模式尖嘯哭喊著，那尖嘯的能量就搭載著我精心持守的完美健康影像，前往它應該去的地方。

最後，我再度開始呼吸，並且確信我的工作已經完成，而它也的確完成了。

心靈治療三步驟

現在我教導並使用的方法，對運用者來說簡單輕鬆多了，效果同樣顯著——只要懷著信心，生動逼真地活用你的心靈螢幕就行了。現在，讓我為你一步步理出進行的步驟重點。

練習 運用心靈力為人治療

步驟1

了解你即將施行治療的這個人的狀況，不論在心靈上或實地去了解他，都可以。

【重點】這點雖然不是絕對必要，但會很有幫助。

↓

步驟2

進入你的靜坐冥想層次，把這個人現在的樣子投射到你的心靈螢幕上，包括現在困擾著他的所有疾病。在螢幕左方放上另一個影像，顯示這些問題已經藉由某些動作而被解決了。

【重點】如果你從未見過這個人，也還沒學會心靈檢測，那麼請試著在治療前就先了解他大概長什麼樣子，好讓你的想像觀視工作盡可能正確無誤。

↓

步驟3

現在，在螢幕最左方投射出一個生動逼真的影像，顯示這個人處於完美健康、精力充沛且樂觀積極的模樣。記住，在深沉的靜坐冥想狀態中，你正敏銳地接收你對自己所說的一切訊息，因而這個特殊時刻是極為重要的關鍵時刻，你一定要發展出一個堅定的信念——你現在針對這個人所呈現的快樂影像，是完全真實的形象——**不是即將成真，也不是將會成真，而是它現在就是真的。**

【重點】在這樣的靜坐冥想層次裡——不論是阿法層或希塔層，你的心與事情的成因是連結為一的，但在貝塔層裡，它多半是處理事情的結果。透過在阿法或希塔層中充滿堅定信念的觀視想像，你正在種下事情的成因。不要怕，大膽的把時態從「將會」改成「就是」。在這個層次裡，時間是另外一回事，請觀視想像你渴望的結果已經達成了。

在天地萬物的法則裡，似乎有一種「宇宙通用的權利法則」，能保證我們所有人——無論高低，無論智愚——都能透過堅定不移的渴望、信念和期待，來參與促使那些「合於宇宙律法」的事真實發生。這件事**早在二千多年前**就已經有人說過了，而且說得更好——《新約聖經・馬可福音11：24》中就已說過：「凡你們禱告祈求的，無論是什麼，只要信是得著的，就必得著。」

當你在觀視想像這個人完美健康的狀態時，出現了一個瞬間、一個極為愉悅的時刻，那時你就會知道自己做的已經夠了。它之所以令人感到愉悅，是因為那是一種成就的快感，此時，你就可以從一數到五，回到貝塔層次，「感到完全的清醒，並且比以往更好。」

你對這個技巧練習得愈多，就會有愈多美好的巧合發生，而你的信心就會更堅定，這又會產生更多的美麗巧合。一旦你學會運用你的心靈螢幕，就能點火啟動這樣的連鎖反應。

雖然信仰療法和心靈療法的方法可能大不相同，但是我相信他們的原理和結果都是一樣的。每一個文化都有各自不同的信仰療法儀式，它們都有**相同的雙重效果**：誘發人們更深沉的心靈層次，以及鞏固信心和期待。

注意事項

有許多治療師都使用了極消耗自身的方法，把自己弄得精疲力盡，有時單單處理一個案件就讓他們體重下降。然而，這完全是不必要的！事實上，心靈圓夢術正好有相反的效果，一旦我們感受到那種成就的快感，就能體驗到昇華的感受——並非若有似無的隱約感受，而是相當強烈的昇華感——而且我們的確在「醒來」的時候「感覺比以往更好」。我們發現，**治療他人，對治療師本身也是有益的**。

也有許多治療師認為，他們無法治療自己，有些人甚至覺得，他們只是試著這麼做就會喪失自己的「能力」。然而，我們已經一而再、再而三地證實了——這完全不是事實。還有許多人相信，他們一定要和受治療的病人在一起才能「把手放在他們身上」，但對於我們這些既非有照執業醫師，亦非正規教會執事的人來說，這樣做是違法的；更重要的是，就更廣博的「自然律法」來說，這完全是不必要的。**切記，絕對不要現場面對面進行治療工作。**

每次在心靈圓夢課程上討論這件事時，我們經常會舉《聖經》裡基督隔空治療百夫長的僕人為例。基督並沒有見到那僕人，只靠百夫長告訴祂問題在哪裡，「他的僕人就在那一刻痊癒了。」（《新約聖經・馬太福音8：13》）

分享一個小小的觀察：請注意看看那些民間傳說，當我們許願的時候——不論是用許願骨，還是對著墜落的流星，或是吹熄生日蠟燭——人們都會告誡我們**不要將願望說出來**。這樣的保密心情，很可能不只是孩子們的好玩心態，我認為這背後隱藏著某些智慧。將我們的願望——或者說得更清楚一些，我們的觀視想像治療——**封存起來、保持祕密，似乎能避免它的能量消散，甚至還有可能增加它的能量。**

因此，我和許多講師都會建議學員們將他們的治療工作守口如瓶，成為只屬於自己的祕密。當基督在某次治療後說「你們要注意，不可讓任何人知道」（《新約聖經・馬太福音9：30》）時，祂並不是要求大家掩蓋事實，而是有更深的用意在其中。

15

世界的真相

心靈圓夢術的宇宙觀

現實，

是我們共同享有的一場夢境……。

你剛剛讀完的第三章到十四章，都是設計來幫助你以特殊的方法更深入廣泛運用心靈，以解決一生中總會遇到的各種人生問題。**你所讀到的一切，都來自於我過去三十年的研究和實驗。**如你所見，我將我的研究成果保持在一個非常實用的層次，這或許是因為我出生在一個非常貧困的環境，生命在一開始就向我展現了許多實際的問題。然而，這一路走來，時時檢視許多連自己都感到不可思議的發現，似乎也是很自然而然的事。由於我所受到的影響極廣泛，包括大量的閱讀、非正統的半自修學習，以及可能最為重要的——基督教極為豐富的傳統，因此，在這些思想見解當中，我獨創發想的部分其實並不多。

讓我驚異的事情之一就是：我所發現的事情當中，沒有一件事會以任何方式真正且實際地與我的宗教信仰相牴觸。雖然很不幸的，幾世紀以來，科學和宗教之間一直存在著一種令人難受的關係，但我個人倒從來沒有經歷過這種不舒服的狀況。更令我驚異的是，我的發現也不曾與任何其他宗教相衝突，事實上，它和任何已知的既定世界觀點都沒有任何牴觸。在我們許多熱誠的畢業學員當中，有無神論者、各種教派的新教徒、天主教徒、猶太教徒、穆斯林、佛教徒和印度教徒，以及範圍極廣泛的各種學科的科學家和學者們。

那麼，這是否表示心靈圓夢術本身完全沒有任何內在價值？難道這個技巧就像九九乘法表那樣，不好也不壞？我會在這個章節裡面對並解釋一些疑問，但在這一點上，我有一些非常堅定的信念，而且我相信——那是**有科學邏輯支持的信念**。請讓我用問答的方式說明：

(1)**宇宙中是否有規律的法則？**當然有！科學正不斷地將它們找出來。

(2)**我們是否能夠打破這些法則？**不能！我們可以從高樓躍下殺死自己或讓自己生病，但是被打破的不會是這些法則，而是我們自己。

(3)**這個宇宙會為自己考慮嗎？**我們知道至少有一部分會，那就是我們自己。那麼，依據此點來推論整個宇宙都能夠為自己考慮，不是很合理的事嗎？

(4)**這個宇宙對我們毫無影響嗎？**怎麼可能？我們是它的一部分，它會回應我們的一舉一動。

(5)**我們究竟是人性本善，還是本惡？**當我們與自己有了最親密的接觸——靜坐冥想，就能夠讓自己成為完全無害，並且擁有極深廣極豐富的良善。

若非我的實驗證實了第五點，否則我和我對現實世界的看法一定會有著極大的差異。

一切都是能量

關於現實世界的定義，我所聽過最好的說法就是：「現實，是我們共同享有的一場夢境。」至於它實際上究竟是什麼，我們只握有極細微的暗示。我們覺察感知到的事物、我們看事情的方式，大部分都是為了自己的方便省事。然而，遠處的事物看起來小，並不是真的小，看似固體的東西，也不一定都是堅硬結實的。

所有的一切都是能量，某種顏色和某種聲音之間的差異、一道宇宙射線和一個電面之間的不同，都是一種頻率，也就是(1)能量正在運作的內容，以及(2)它運作得有多快。

物質也是一種能量，就像我們從 $E=mc^2$（質能等價公式，源於愛因斯坦的相對論）中學到的——那是能量以另一種形態進行另一種運作。**這是一個對立的世界，上與下、黑與白、快與慢……，但有趣的是，沒有任何一件事物與能量對立，因為所有事物無一不是能量，**包括你、我和我們所思維的一切。思想會消耗能量，同時也創造能量，換個更精確的說法，它會轉換能量。

現在，你應該可以看出為什麼我會覺得思想和事物之間幾乎沒有差別了吧？

思想能夠影響事物嗎？當然！因為能量可以。

思想可以左右事件嗎？當然！因為能量可以。

時間呢？

那麼時間是能量嗎？關於這一點，我只有最初步而不確定的推測，因為時間展現出的不同面貌實在太多了。以某個角度看它，我們會覺得自己已經將它看得清楚透澈，但是換個角度來看，它又變得完全不同。

當我們綁鞋帶或過馬路時，看待時間最好的方式，就是將它想成在一條直線上奔跑，由過去經過現在跑入未來——我們必須以這種方式看待它，才能完成每天的日常工作，就像我們仍習慣性地把太陽想成是升起和落下，彷彿哥白尼式的古老天文學從沒被推翻似的。從這個面向來看待時間，讓我們可以回憶過去、體驗現在，並且完全不確定地展望未來。

然而，從另一個角度來看，事實卻不是如此。在阿法和希塔層次裡，我們能看到未來，而且就如同回憶過去那樣清晰。**即將發生的事絕對會顯露徵兆，而我們在接受訓練後，一定能夠看到它們。**這個能力在現在有個可敬的名字，叫做「先知」，但在我贏得墨西哥樂透彩的那個年代，它可一點也不是什麼光彩的事！

如果在阿法和希塔層次裡，我們可以於此時此地看到未來，那麼，它一定得事先發出某種我們能夠校準接收的能量。至於時間，如果它要發出任何一種能量，那它自己本身就一定得是一種能量才行。

另外，當我還在以催眠做實驗的時候，對於如何回到多年前的某一段時光，我也發現了一些相當奇怪的事。在我帶領我兩個孩子做歲月回溯（帶他們回到從前）時，如果從現在到過去的場景變換得太過突然，他們就會突然向右傾倒，就像我們坐在一輛往前行駛的巴士上並遇到緊急剎車時，身體會往前傾倒那樣。孩子們覺得，當他們順著時間往回走時，是向他們的右方前進，而當我帶領他們回到現在並且停下來時，就會變成相反的方向，他們會往左傾倒。我早期許多使用不同主體的實驗，都證實了這一點。

後來，我放棄了催眠並改用心靈圓夢術的靜坐冥想，我想要親身去了解「在時光中往前往後旅行」究竟是如何進行的。我先面向東方，因為古老東方的宗教禪修訓練中明訂要面向東方，而且東方不論從任何角度來看，似乎都是一個好方向。然後我又想知道，如果依據從催眠實驗中得到的線索，我是否能更自由地在時間中移動旅行，於是我**把未來設定在我的左邊，把過去設定在右邊**。

在這個星球上，太陽每天都從東方開始新的一天，然後把它帶向西邊結束。如果我在靜坐冥想時面向南方，那麼東方就會在我的左方，西方則在我的右方，這樣一來，我的時間流動方向就會跟這個行星的方向完全一致。

我是否真的發現了時間在這個地球上的流動方向？我並不確定，但可以肯定的是，當我開始面向南方靜坐後，我覺得在時間中更有方向感，也可以更輕鬆地在其中遊走旅行。

高靈是上帝嗎？

現在，來處理一個更大的問題吧！我曾經在過去的章節裡多次提到高層智慧（Higher Intelligence），這是否意味著我在暗指高靈就是上帝呢？我無法證明我即將要說的事，但我必須依循誠信來說話。我的答案是否定的！當我說高層智慧時，指的並不是上帝。我把這個字的第一個字母大寫，是因為我非常敬重它，但是對我來說，它並不是上帝。

這個宇宙似乎是以極為高效率的方式在完成它的工作——沒有任何一絲浪費，當我把一隻腳放到另一隻腳前時，我絕不會認為上帝的當務之急是看看我有沒有絆倒，這當然也不會是高層智慧關心的事，這是我自己的事。我之所以能學會走路，是基因設定好的——這才是上帝的工作。因此，現在我已經知道，**日常生活的步調是由我來決定**。

然而，生活中的某些步調並不是一成不變的，我可能會需要一些非五感所能得到的資訊來協助我做決定，這時我就會轉向高層智慧求助；有時候，我甚至會需要「超越重要」的全面性建議，此時我就會向上帝求助，我會禱告。

我將各種不同層次的智慧視為一個連續的整體，從非生命物質，到植物，到動物，然後是人類，再來是高層智慧，最後是上帝。我相信，我已找到合乎科學的方式來和各個層次溝通——從非生命物質到高層智慧。我不但在控制條件的環境中完成實驗，也經由重複再製這樣的經驗證明它們的存在，只要依循本書的說明指導或參加一期心靈圓夢課程，你就能複製這個體驗，這就是我所說的「科學」。至於課程本身，大部分是沉思和信心，非關科學。

人類將進入開發心靈的階段

再說一個我的猜測：回顧悠久長遠的歷史，我們人類其實是在不久前才剛剛完成一個進化階段，那就是我們大腦的開發。一直到現在，我們才算完成並結束這個過程，我們擁有了應該要有的所有腦細胞，至於下一個階段，已經開始進行了——開發我們的心靈，而現在被視為特異的心靈能力，很快就會變成司空見慣的事。

從我的這些思考當中，你會看到，對於這個世界、何謂真理和現實，我擁有一定程度的視野。你當然可以問：「所有心靈圓夢術學員都會從他們的經驗中衍生出與此類似的觀點和想法嗎？」差得遠了！舉例來說，那些持續練習心靈圓夢術的人當中，有極大多數的人成為素食者，像是一直跟著我工作的哈利・麥克奈特，但我還是很享受一塊上好的牛排！

16

練習清單

別忘了複習

只要複習一下被你棄置太久的練習，就能重新抓回訣竅，得到很好的成果。

一旦你掌握了我所教導的所有技巧，你可能會常用一些你運作得最好、最有效的技巧，然後其他的部分悄悄溜走，但只要很快地複習一下那些可能被你棄置太久的部分，就能輕易地抓回訣竅，得到很好的成果。為了節省你的時間，我把書中介紹的所有技巧列成一張清單。

<table>
<tr><th colspan="2">練習項目</th><th>頁碼</th></tr>
<tr><td colspan="2">清晨時分的靜坐冥想練習</td><td>p40</td></tr>
<tr><td colspan="2">離開你的心靈層次</td><td>p42</td></tr>
<tr><td colspan="2">在一天中的任何時間靜坐冥想</td><td>p43</td></tr>
<tr><td colspan="2">觀想第一步——創造你的心靈螢幕</td><td>p45</td></tr>
<tr><td colspan="2">主動靜坐冥想第一步——重建過去的事件</td><td>p50</td></tr>
<tr><td colspan="2">運用靜坐冥想解決問題</td><td>p55</td></tr>
<tr><td colspan="2">三指成圈技巧立刻進入你的心靈層次</td><td>p65</td></tr>
<tr><td colspan="2">快速學習兩大技巧</td><td>p69</td></tr>
<tr><td colspan="2">記得你的夢境</td><td>p81</td></tr>
<tr><td colspan="2">在夢中得到解決問題的答案</td><td>p82</td></tr>
<tr><td rowspan="2">擺脫自己不想要的壞習慣</td><td>暴飲暴食</td><td>p100</td></tr>
<tr><td>抽菸</td><td>p106</td></tr>
<tr><td colspan="2">自我療癒</td><td>p111</td></tr>
<tr><td colspan="2">增進伴侶親密關係</td><td>p125</td></tr>
<tr><td colspan="2">在生活中運用心靈力</td><td>p130</td></tr>
<tr><td colspan="2">運用心靈力為人治療</td><td>p164</td></tr>
</table>

Part 3

西瓦心靈圓夢術的神奇實例

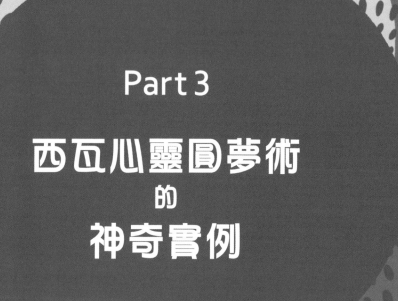

17

善用心靈圓夢術的心理醫師

喚醒病人自己的能量

佛洛伊德曾經表示，
心理治療若想在未來大放異采，
最有利的方向就是「喚醒病人自己的能量」，
而在心靈圓夢課程上，
麥肯齊醫師親眼看到——
人們運用了連自己都不知道自己擁有的強大能量。

在前面的幾個章節中，荷西解釋了何謂心靈圓夢術，並且針對如何有效運用它們做了詳細的說明。

因此，你可以看到，在心靈圓夢術中，我們需要進入非常深沉的意識層次，而你，可能會和其他人一樣，有著這樣疑慮（尤其是初次嘗試時）：**在探索自己力量強大的心靈深處時，是否會面臨任何可能的危險？**

荷西，還有那些在心靈圓夢術組織中親近他的領導核心人們都說，若用醫學上的說法，截至目前為止的經驗顯示，從來沒有任何「不良副作用」可以抵銷心靈圓夢訓練的獲益——

即使用最細微的方式來檢視。換句話說，據荷西和他的同事們所知，**目前還沒有任何人因為上了心靈圓夢課程而變得更糟。**

心理醫師的親身見證

曾有一位心靈圓夢課程的畢業生，本身就是專業的醫界人士，後來對心靈圓夢術的安全性做了非常嚴峻的測試，他，就是克蘭西・麥肯齊醫師（Dr. Clancy D. McKenzie）。麥肯齊醫師是費城一位非常傑出的精神科醫師暨心理醫師，同時也是費城精神科諮詢服務中心的總監及費城精神病學中心的工作人員之一，目前是個人診所執業醫師。此外，他還長期研習瑜伽、其他靜坐冥想課程、生物回饋機制和超心理學。

由於心靈圓夢術算是他諸多研究領域的一部分，他在一九七〇年時報名參加了訓練課程。「我有許多病人都說，他們在這個課程中獲益良多，所以我想親眼看看他們是不是真的像我那些病患所說的，教人們擁有透視千里眼。結果，我愈來愈確信有些超自然的事正在發生，於是我開始傾注大量的時間和心力，更專注深入的研究它。」

除此之外，還有兩件事燃起了他對心靈圓夢術的興趣：一個是佛洛伊德對自己職業生涯結束所做出的一段評論，另一個則是心靈圓夢課程上發生的某些事。

佛洛伊德曾經表示，心理治療若想在未來大放異采，最有利的方向就是喚醒病人自己的能量，而在心靈圓夢課程上，麥肯齊醫師親身且清楚看到人們運用了連自己都不知道自己擁有的能量。

不過，他也在課堂上看到了其他的狀況：「在三十個學員當中，有三個人顯得情緒躁動不安，還有另一個人的狀況有待討論，這是什麼原因呢？是課程促發了情緒疾病，還是他們在來上課的時候就已經生病了？我那些心理狀況失常的病人能在課程中獲得紓解，難道僅僅只是運氣好？」

開始測試

麥肯齊醫師認為，要找出答案，最實際的方法就是分別在上課前和上課後對人們進行檢測。這個測試必須針對那些心理最脆弱的人進行密切的觀察，他和他的同事——賓州大學的精神病學教授藍斯・萊特醫師（Dr. Lane S. Wright）——一起展開了研究。

在接下來的四年半裡，有一百八十九位精神疾病患者（精神疾病包含精神病和情感性疾患）自願完成了心靈圓夢訓練，為了讓實驗結果更嚴謹，他們針對其中七十五位精神病患者、精神病邊緣者和正處於精神病緩解期的病人做了更詳細的研究。

根據實驗的觀察結果，麥肯齊醫師和萊特醫師認為，心靈圓夢課程對健康人們的正面影響並不令人意外，而那些精神疾病患者的心理健康也都有持續性的改善與進步。

至於那些受到特別關注而仔細推論並嚴謹控制下所進行的指標性科學研究，倒是有一些細節說明。在不穩定組裡的七十五位病患，有六十六位是來自麥肯齊醫師的診所，他們都展現出百分之百的精神病症狀，而那些精神病邊緣者則是自願參加課程。

在研究開始時，他們非常謹慎地一次只送一位病人過去，以求能密切監控任何一點不良後果——不論是對病患自己，還是對整個班級。

此外，病人們接受訓練的時間選在麥肯齊醫師所謂的「較為穩定的期間」，但是沒過多久，他就發現他可以在病人比較不穩定的期間送他們去上課，其中有四個還是在妄想症最嚴重的時候呢！再過不久，他就能很放心地一次送好幾個心理狀況失常的病人去上課，有時甚至有六個以上的病人同時出席。

為了完成實驗，他讓七十五位病人中的五十八位在上課前和上課後分別做了檢測，想看看課程可能會造成什麼樣的改變。

他採用的測試方式是「生活經驗調查表」（Experiential World Inventory，ＥＷＩ），其中包含了四百道問題，專門設計來測量一個人對現實的感知與看法——有點像是著名的羅夏墨跡測驗（Rorschach ink-blot test），只不過是以文字形呈現。結果，上課前和上課後所做的測驗分數差異令人印象深刻：有三十六個人在現實感知上呈現出極為顯著的進步，二十一個人沒什麼差別，只有一個人顯示出退步。

那位分數退步的學員，是一位二十九歲的僵直型精神分裂症患者（特色是：病患的肢體可以隨意被人變換成不同的姿勢，然後像蠟像一樣維持該姿勢很長一段時間），他生平第一次停止藥物治療，並且開始約會。「臨床上來看，」麥肯齊醫師觀察道，「他在訓練後應該有更豐富的情感能量和更看好的光明前景，然而約會這件事卻使他陷入了衝突，以致在受訓兩週後反而變得躁動不安。不過，他並不需要住院治療。」

當然啦！這些病患原本就都有在接受心理治療——至少都有一年以上，這給了麥肯齊醫師一個絕佳機會去觀察病人受訓後會發生什麼實際的臨床變化。以下是他的一些發現：

・讓殺人指令妄想症消失

一位三十歲的精神分裂症患者，在他的早年生活中一直相信自己接收到某種心靈感應的命令：去殺掉某個人。幸好，他一直都沒找到那個該殺的傢伙。在課程之後的治療討論裡，他第一次能談論自己的「妄想系統」。他的情感能量大幅提升，生活開始展現光明美好的前景。沒有多久，他就回學校，讀了一個博士學位。「他之所以能夠做到這樣，跟他接受了課程訓練有直接的關係。」麥肯齊醫師解釋道。

・緩解自殺傾向

在二十八位受苦於各式各樣憂鬱症（更年期、精神問題、情感性精神分裂、躁鬱症等）的病患中，有二十六位在上完課程後變得更愉悅、更快樂，而另外兩位聲稱自己覺得更憂鬱的人，不但在問題測驗得到更高的分數，也和其他人一樣開始有能力去解決以前無法處理的問題。

一位二十一歲的女性被判定為初期急性精神症（一種臨床症狀，表示精神病症狀突然發作且嚴重），並且有自殺傾向。她信誓旦旦地跟麥肯齊醫師說他不管做什麼都沒用，她遲早會自殺的。於是他建議她去參加課程，那週結束後，他非常訝異她的改變，「我完完全全被嚇到了，她的反應比其他任何一位病人都要好，這是我所見過最戲劇性的好轉變化。」

她找到一種新的平靜，變得更理性，思緒也不再四面八方毫無頭緒的狂奔，同樣重要的是，她那悲觀情緒的重擔幾乎完全解除了。麥肯齊醫師和萊特醫師在一份臨床報告中說道：「不論是住院治療還是高劑量用藥，都無法使她達到如此的平靜。她在兩週後再次參加了課程，同樣有顯著的進步。她的轉變非常巨大，讓她在接下來的六個月裡，都能更好的配合治療工作。」一年後，麥肯齊醫師發現她的急性症狀完完全全的痊癒了。

當然啦！精神病是非常嚴重的精神失調，相比起來，精神官能症就顯得輕微多了。在一百八十九位接受心靈圓夢訓練的病人中，有一百一十四人只受到精神官能症所苦，他們全都同樣得到了紓解。

兩位醫師在上述論文中，為他們的臨床發現做了總結——

「那些在受訓過後持續練習心靈圓夢術的人們，都能靠著它大幅改善自己的生活；即使是那些沒有保持練習的人，也能夠在危急的時候運用它，例如必須處理壓力或必須做某些重大決定的時候。對每一個人來說，這似乎都是一種拓展心靈的經驗，同時也是一個啟示，告訴他們可以用另一種方式來運用他們的心靈。整個小組（精神官能症組）積極熱情的進行，直到課程結束，每個人都體驗到一種更高昂的情感能量。

此外，精神病組也顯示出令人印象深刻的臨床轉變。只有一個人說他變得更加煩亂（那個二十九歲剛開始約會的年輕人），其他人都或多或少從訓練中得到一些益處；許多感覺沒什麼變化（只有很小或完全沒有情感反應）的人，其實都初次顯露出對某些事物的熱情關注。如此看來，在上過課程之後，他們的情感能量的確出現了改變，也出現正向改善的功效，他們對自己的未來都有更正面積極的展望。此外，對某些人來說，他們對自己的精神病程有了更清楚的了解；妄想症病患在受訓之後，妄想程度也明顯降低；對於焦慮，也有著大幅的降低和舒緩。病患們學會憑藉著自己的資源去了解、面對並解決問題，而有能力這樣做，又給了他們更大的信心。」

一百八十九病患全都受益於這門課程，只有一位例外，麥肯齊醫師的結論是：「它不僅僅是安全而且有益的，將它運用為心理治療中不可或缺的一部分，將可發揮極大的用處。」現在，他的病人幾乎全都學習了這個課程。**在心靈圓夢技巧的協助下，有些病人甚至因而縮短了高達兩年的療程。**

夢境控制實驗

他還表示，心靈圓夢課程中一個叫做夢境控制的技巧，「很可以證明是精神病學上的一大突破，因為這是一個了解並解決問題極快速而可靠的方法。」

學習佛洛伊德式解夢法的麥肯齊醫師，並不覺得佛洛伊德對自發性夢境的解析和心靈圓夢術學成者對他們所設計夢境的解析方式之間，有任何衝突存在，「佛洛伊德式夢境中的『願望』成了想要得到答案的渴望。」不過，他也同時提出警告，「一定要搞清楚，你做的是無意識的願望之夢，還是有意識的尋求答案之夢，千萬不要弄混了。」

・動過四次腸阻塞手術的精神病人

某一天，接受麥肯齊醫師治療已有一段時間的一位病人打了電話過來，說她因為胸痛和腹痛而即將入院治療，而他希望她能改到精神病院。這通電話並不令人意外，他早就知道她總有一天會打來的，因為她的精神狀態一直在惡化中。

到了精神病院後，麥肯齊醫師請她設計一個夢來回答四個問題：是什麼樣的疼痛？在哪裡？原因為何？我要怎樣才能擺脫它？

於是她做了下面這個夢：

她和先生以及他們的三個孩子一起開車行駛在一條彎彎曲曲的路上，天上開始下起大雪，車子打滑衝出道路，很快就被大雪覆蓋起來。她的丈夫叫她關掉引擎，接著就有八到十個人從城裡過來，把他們挖了出來。當她們終於爬出車子，她們的三個孩子都不見了。

就在前方，車道變成一條死路，另一條路突然以直角向右出現，然後又右轉九十度進入另一條路，接著又通往另一條路——一條寬闊的高速公路，同樣也是呈直角轉入。

麥肯齊醫師一聽到她描述這個夢境，便懷疑她講的其實是她的腸道，因此請她把那條「彎彎曲曲的道路」畫出來。她畫了，果不其然，那條道路完完全全符合人體腸道的曲線分佈——比例完全正確。更重要的是，經過醫師檢查的結果，發現她腸道中有一個阻塞物，位置正好落就在她的車滑出車道的地點——小腸和大腸的交接點。換句話說，這位女士的夢境（她對解剖學毫無所知，高中讀到一半就輟學了）精確地在長達六公尺的人體腸道中，指出僅有二・五公分長的阻塞點。

還有更厲害的！那場大雪——根據她夢裡的象徵——應該是指某種乳製品，不但造成她腸道不適，還以某種方式觸發製造出這個阻塞物。至於她的丈夫叫她關掉引擎——再次以象徵形式出現——則是她所能得到最好的建議：「停止供給任何燃料給身體。」也就是停止進食。

至於那八到十個把他們挖出來的人，在夢境的語言中象徵雙手的十指，這應該是表示治療必須「仰賴雙手」，也就是手術治療。而突然消失的孩子則是她希望能實現的狀況：她要他們離開，好讓丈夫把注意力都放在她的身上。

麥肯齊醫師很快地將她從精神病院轉到了醫院，因為這樣的腸道阻塞一般會需要立即的手術處理。然而，由於掌握了對她夢境的解讀，以及在心靈圓夢課程上所得到的，關於心靈有力量能轉變身體的知識，加上對手術的預期心理，她其實已經開始擺脫那個阻塞物。一小時後，麥肯齊醫師基於夢境所做的診斷在正規醫院裡由醫師得到了相符的確認，而且她已經開始自我療癒，因此完全不需要任何手術，這讓她的醫師感到無比的驚訝。

後來，麥肯齊醫師才發現，這位女士在過去二十年裡已經動過四次的腸阻塞手術，她的醫師還說，每次的阻塞都在同一個地方。很顯然的，她已經學會了只要心理上有需求，就能自行製造出這個病況。

・未婚生子的女孩

之後不久，這位女士的十八歲女兒也前來找他幫忙解決某個問題——她未婚，可是卻懷孕了！「我到底該怎麼辦才好？」她問道。他再一次建議利用夢境控制來尋求答案，結果她的夢境中出現了一個人，他說：「生下寶寶，等待三年，嫁給此人，搬出此地。」

「我不能給她比這更好的建議了！」麥肯齊醫師說，「青少年婚姻的離婚率高達百分之八十，因此在家裡等待三年是很合理的。這個男人是最適合她的伴侶，但若要經營一個成功的婚姻，他們最好離開家鄉，遠離父母。」

・先生晚回家就割腕的女人

在另一個案例之中，夢境控制法則引領開發出一種能夠省下許多年治療時間的全新醫療技術。

這位病患的問題是，只要她的先生回家吃晚飯的時間稍微晚個十分鐘，她就會割腕。幾個月以來，麥肯齊醫師一直試圖跟她解釋，當她「以為」她是因為丈夫晚歸而做出反應時，實際上她是在重溫某個早年的感受——小時候，她那酗酒的父親從不回家，只要她能理解這個癥結，就能停止割腕行為。可惜，麥肯齊醫師並沒有成功，事情還是一再發生。這位女士要面對的是長達兩年、每週兩次的治療，於是麥肯齊醫師建議她設計一個夢境。

結果她的夢境竟然成為一個令人驚奇的創舉，一夜之間就解決了她的問題。

她夢到麥肯齊醫師把一些最讓她煩亂的狀況解釋錄在錄音帶上，她在家裡播放這捲錄音帶，並且把她對錄音內容的反應錄在第二捲錄音帶上，然後她播放那第二捲錄音帶給麥肯齊醫師聽，請他解釋說明。

對於他每一個解釋，她都驚呼：「噢！我真是太蠢了！」他的解釋點出：她把過去和現在兩個完全不同的現實混淆在一起了。她的夢終於第一次讓她看清了這件事，她從此再也沒有割腕行為了！

「這個被設計出來的了不起夢境完全治好了這位病人，經過三年的追蹤訪視，她一直都非常好。」麥肯齊醫師說。

・夢見出生前情況的幽閉恐懼症患者

另外一位病患則一直為幽閉恐懼症所苦，他努力掙扎了一年多才找出原因，而這個病因非常有意思。在他所設計的夢中，有一條繩索在地上圍出了一個長方形，他和其他三個人一起站在其中。

在那長方形之外的一個角落裡，還有另外一個比較小的長方形，也是用繩子圍出來的。每個人都想要穿過那個較小的長方形，好離開那個較大的長方形。

如果你把那個大長方形看做是子宮，而小長方形想做是子宮頸，這個夢的意象就變得非常清晰了。在長方形之外，是一片綠油油的，有牛隻優游的牧草地（乳房）。

這位病人的一個夥伴跑向那個較小的長方形，但是卻被一道隱形的屏障（子宮壁）給擋了下來。他的腹部靠近皮帶扣的地方，連結著一串錫罐（臍帶）。

不知怎的，這位病人知道他終究是要離開那裡的，不過他決定讓其他人先走，因為他有某種緊張的感覺，就像發表演說那樣——那是一件你知道非做不可的事，即使它會帶來壓力和焦慮（出生創傷），但當一切都結束時，就能完全放鬆了。

在長方形中的其他三個人就是他的兄弟姊妹。

就是這個夢，提供這位病患了解自己的幽閉恐懼症所必須具備的洞察理解。

讓這個夢顯得特別有意思的，不是因為它把一個人帶回到他出生的時刻——這還蠻常見的，而是因為它提到了「隱形的屏障」。麥肯齊醫師懷疑，這是否在暗示，我們也許可以看到自己出生前的狀況？

・老是抱怨女人的男人

麥肯齊醫師不僅建議他的病人使用心靈圓夢術，他自己也會使用它來幫助病人。「當我使用夢境控制時，一些最不可思議的想法就會出現腦中。」

一天晚上，他設計了一個夢，關於一位他正在進行精神分析的病患，一個長達兩年都沒有約會的二十七歲男性，女人都討厭他。「她們簡直一無是處。」在麥肯齊醫師的夢裡，病患這麼說，而他聽到自己說，「就算你從來都沒有和異性發生過關係，也不關我的事。」等下一次那位病人又抱怨女人時，麥肯齊醫師就這樣一字不改的回答他。

結果超有效！這位病人當場驚呆了！原來，避開女人是他用來抗拒治療的一種方式——現在，這個方法當然是再也沒用了。此外，當他想到一輩子都不和某位女性發展健康的關係這件事時，還真的慌了——當天晚上他就約會啦！

心靈圓夢術檢測疾症的可信度

麥肯齊醫師現在已經成為西瓦心靈圓夢術的顧問之一，持續尋找使用控制心靈的新方式來增進並加快精神治療的效果。在此同時，他也試圖找出把心靈圓夢術用在更寬廣的醫療領域工作（比如對疾病的檢測）上的方法。

這個研究的第一步，是要找出一個方法測出心靈圓夢技巧在臨床檢測工作上的可信度。經過三年的研究，他相信自己已經很接近他口中所謂的「絕對科研設計」：一個排除掉所有變數，只測量預定要測量之物的方法。他的目的就是希望可以找到方法，把心靈檢測放進醫療用途中。

在醫療診斷上，有時候會使用侵入性手術或藥物，這可能會造成病患的不適或具有危險性，何況沒有任何一種診斷方式是永遠都準確的。然而，**心靈檢測對病患不會造成任何危險**，唯一需要的只是證實它的可信度，這正是麥肯齊醫師努力的目標。

他第一次嘗試他的新研究設計，是在一個為數三十人的心靈圓夢術畢業班課堂上，結果心靈檢測的準確度遠遠超越隨機猜測的結果，比例高達二〇〇：一。他覺得士氣大振，但他還想要讓這個方法更臻完美，並且企圖以電腦來計算成功的比例。

他和賓州大學的統計科系一起檢視了自己的計畫，結果他們一致同意，他的確已經排除了一直阻礙心靈研究的變數，因此他的檢測結果應該是正確的。

《心靈圓夢術通訊報》（The Mind Control Newsleter）曾刊出兩個人體圖，圖上標了圈圈，方便診斷者打勾。像在心靈檢測時一樣，圖中列出這兩位病人的名字、年齡、性別和居住地，而沒有列出來的，就是麥肯齊醫師自己也不知道的部分——他們到底生了什麼病，得等心靈檢測結果出來以後，提供病例的佛羅里達醫師才會揭曉答案。

案例A

重要提示：這個實驗的目的是要精確檢測出異常或生病的部位，因此，請務必只能做檢測的動作，以免在實驗過程中影響到疾病的發展。

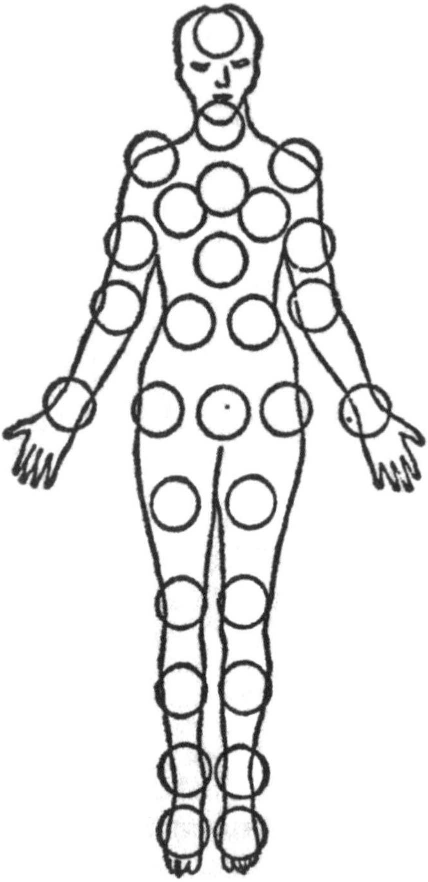

黛比・薇琪歐，二十三歲，住在佛羅里達的邁阿密。她身體上有一個地方出了問題，也許你可以幫忙找出來。請進入你的靜坐冥想層次，描繪或是想像出黛比，然後帶著極度的渴望，找出她的病情所在。當你覺得已經找出她生病的部位，請在圖A中，找到那個最接近你感受到（或是猜測）疾病所在位置的圈圈，把它填滿。請注意，只能填一個。

重要提示：如果你在任一圖表上畫了一個以上的圈圈，你答案將會被視為無效。
在開始進行案例B的診斷時，請至少休息十分鐘，以免資訊混淆。

案例B

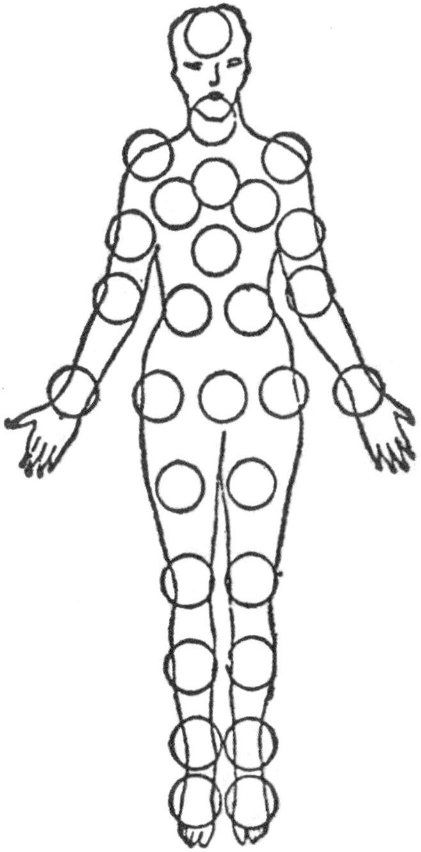

辛西婭・科恩，二十一歲，住在佛羅里達的邁阿密。她身體上有一個地方出了問題，也許你可以幫忙找出來。請進入你的靜坐冥想層次，描繪或是想像出辛西婭，然後帶著極度的渴望，找出她的病情所在。當你覺得已經找出她生病的部位時，請在圖B中，找到那個最接近你感受到（或是猜測）疾病所在位置的圈圈，把它填滿。請注意，只能填一個。由於這個實驗的本質只要求檢測，因此請不要送出任何改善治療的心念，直到……

同時進行兩個病例，而不是針對一個來做檢測，正是這個新研究方案的重要核心，能讓麥肯齊醫師剔除掉所有的「亂猜者」。比如說，如果左腳踝受傷的是病人A而不是B，那所有在病人B的左腳踝打勾的人，應該都是猜測來的。如果有五位診斷者勾了B病患，那就可以合理的認定，也會有同樣數目的人雖然勾了A卻是用猜的。所以，如果有五十位參與者都勾了A的左腳踝，那麼麥肯齊醫師會把這個數目減掉五個可能是用猜的人，推斷剩下的四十五位的確是運用了心靈力量來檢測。之後，電腦會計算得出這些結果的統計意義。

為了要讓這個方法確實有效，選出來的兩位病患一定要有不同的疾病，否則就無法用上述的方法來剔除非心靈運作者。結果那位佛羅里達醫師搞砸了！因為後來發現，他提供的兩個病例在身上的同一部位有著相同的受傷，麥肯齊醫師不得不改變計畫，改用其他方式來解析檢測結果。由於無法拿案例A和案例B相互比對，他只好拿答對最多和第二多的來比對。雖然電腦告訴他，心靈檢測結果是偶發巧合的機率只有十億分之一，但他並不認為他的實驗就是最後的結果，因為這次實驗根本沒有照他的研究設計來進行。

心理學的光明未來

麥肯齊醫師的設計並不僅止於此，其他還有許多面向，而他也進行了許多其他實驗，得到許多具「統計顯著性」的結果。他的整體研究計畫非常了不起，當他的技術持續提升，我們也一路得到更多的訊息。比如說，後來他不再只簡單地讓心靈運作者勾選人體上的圈圈以指出此人生病的部位，而是發給心靈圓夢術學員一張醫療疾病清單來勾選，藉此得到更精確的檢測。「這些初步的研究，」麥肯齊醫師說，「都指向高度的統計顯著性，雖然如此，我還沒準備要從它們之中得到結論。還有許多更精細的工作得做，如果之後的研究也同樣的振奮人心，我們就可能找出一個方法把心靈檢測放進醫療中，來協助醫師們以一種比現行更可靠的方法對病患進行診斷。這最終可能會成為醫學上的重大突破，但現在要確定的說什麼都還言之過早，只能說這是我現在努力的方向。」

心靈圓夢術的研究總監——威爾弗烈・哈恩（J. Wilfred Hahn）是一位生物化學家，同時也是心智基金會的前任會長，也共享了麥肯齊醫師的希望。「打從十九世紀開始，當人們企圖把科學方法帶入心靈研究時，無法控制（有時其實是未知的）變數就一直讓研究發現帶著濃濃的疑問。無論麥肯齊醫師所達到的醫學突破，是否像他自己所說的那樣尚未得到確認，我相信在他自己的研究方法上絕對已經開創了一個重大的突破。從他收集到的所有資料來看，他應該已經可以找出真正的心靈反應——他能夠排除所有不必要的因子，只留下他想研究的部分，就像化學家研究水中的某種單一微量元素時把水和其他所有元素都排除掉，只留下他想研究的那個元素，得到的結果將是一樣的精確！」

18

飆升你的自尊

我們遠比自己以為的堅強

我們浪費太多時間拖著自己向下沉淪，
若我們能把一半的時間拿來探索心靈，
學習如何面對生命，
將會發現——
我們遠遠比自己以為的要堅強太多……

歌手兼女演員卡蘿・勞倫斯（Carol Lawrence）曾經在一九七五年十一月十四日的《芝加哥論壇報》（Chicago Tribune）上面說了這段話：「我們浪費太多時間拖著自己向下沉淪，若我們能把一半的時間，只要一半的時間，拿來探索心靈，學習如何面對生命，將會發現我們遠遠比自己以為的要堅強太多。」她因為另一位歌手——瑪格麗特・皮亞薩（Marguerite Piazza，同時也是一位心靈圓夢術學成者）的推薦而參與了心靈圓夢課程，並完成了課程。

的確，我們大部分的人都被禁錮在「我是誰」、「我能做什麼」這些狹隘的思維中，一旦粉碎掉這些束縛，找到它們之外的全新自由，你很快就能體驗到無比的愉悅。一旦看到自己所能做到的事，你的自尊將會立刻大幅飆升。關於這方面的研究，已經進行了許多，成果也非常豐碩。這些研究涵蓋了許多沒什麼特殊問題的大規模群體，以及同樣多的特殊團體，這些人的自尊可以說是糟得一塌糊塗——學生、酒鬼、吸毒者、囚犯，以及貧窮和弱勢的社會底層。

讓學生更肯定自我

我們先來看學生。目前已經有二十四所大學院校、十六所高中以及八所小學（一九七七年時的數據）把心靈控制納為必修學分，引導學生們學習。

你可能會以為，同樣一套課程以同樣的方式教給不同學校裡不同年齡、文化和經濟背景的學生們，會得到不同的結果，但事實卻並非如此——所有的學習成效都非常一致，所以我們現在可以非常有把握的宣稱：基本上，成效都是可以預見的。這也就是說，只要將心靈圓夢術引進某一所學校，結果只有一個：**學生們會因為他們自己解決問題的能力大幅提升，進而發展出更有力的自我管理與更強大的自我引導能力**——即更強大的自我力量。喬治・迪・索（George De Sau）是西瓦心靈圓夢術教育研究的前任總監，同時也是賓州威廉波特地區社區大學裡諮商與篩檢部門的前任主管，曾以科學方法測量研究過這個部分。

他在一九七二年於費城的哈拉罕高中進行了第一次測試，當時有二千名學生接受這個課程。他隨機選了兩百二十名學生，讓他們在上課前一週和完成課程後兩週各接受一次高中性向測驗調查（由「個性和能力測驗協會」發行），當中包括約一百四十個問題，可以精確測出一個人的自我形象。接著，這個人的總體形象會依循十四種個性特質排成一種圖表，包括愛冒險、風趣和自信等等。高中性向測驗調查被廣泛地用於各種研究和諮商上。

他將這兩百二十位學生的自我形象圖整合為一個群組資料，然後比較上課前和上課後的狀況。結果，大部分的轉變都是朝向更高的自我力量，更自信、更沉穩，同時遠離急躁、不安全感和疏離。在某些方面，學生們維持不變，比如在統御和服從之間、在溫和柔軟與堅強硬之間的平衡。把這一切全部加起來，結論就是這些學生們在上過心靈圓夢課程之後，都比之前更加尊重自己。

讓千分之一的偶然變成更多的可能性

當然，隨著生活不斷變化樣貌，我們對自己的看法也會一天一天不停改變。隨機選出一群人，讓他們接受同樣的性向測驗，然後三個禮拜後再做一次，一樣也會發現一些改變。關於這一點，那些開發出這個測驗的人也已經做了研究，這種偶然發生的隨機改變，已經是一種正常的預設，而它們出現的比率也已計算出來了。因此，要評估哈拉罕高中的測驗結果，就必須先確認，測驗顯示出的改變，究竟超出單單只是隨機偶發的改變的比率多少。以下就是結果：

我們得對某個隨機選中的群體做超過上千次的測試，才能偶然出現一次像心靈圓夢課程在哈拉罕高中所製造同樣程度的自我力量正向改變——超過上千次的測試，才能達到同樣程度的自信心改變；超過上千次的測試，才能達到同樣程度的沉穩度改變。由此可見，造成改變的不是偶發機率，而是心靈圓夢術。

當學生們的心靈圓夢課還在進行的時候，《費城每日新聞》（Philadelphia Daily News）記者——喬・達克，在午休時間訪問了一些學生並寫成一篇文章，登在一九七二年九月二十七號的報紙上。他在其中引述了十三歲的凱西・布雷迪的一段話，她八歲就有咬指甲的習慣，「我緊張時就會咬指甲，今天早上在禮堂裡我就很想咬它們，可是我沒有咬，只是在心裡告訴自己：『別咬你的指甲。』然後我閉上眼睛，放鬆下來。」

派特・艾森洛爾則告訴他，她終於有一次沒有和她的弟弟打起來，這是之前幾乎從來沒有發生過的事，「我告訴自己抓狂是沒有用的，『幹嘛打架呢？』所以我就沒跟他打了。今天早上，我還擺脫了頭痛，因為我告訴自己，擺脫它！我知道這聽起來很詭異，不過它真的奏效了。」

現在，我們要把這所學校的測驗結果拿來和另外兩個研究結果比較看看。其中一個是在匹茲堡的羅倫斯威爾進行的，那是一所男女同校的天主教高中；另一個則是在聖菲德里斯，一所專門訓練男學生成為牧師的天主教高中。

羅倫斯威爾、聖菲德里斯都和哈拉罕高中一樣，學生間**最大的改變在自我力量的提升**。更重要的是，這些改變非常整齊——每一所學校的群體資料提升的程度，如果要偶然巧合出現，其機率都是千分之一。哈拉罕和羅倫斯威爾在沉穩度上的改變程度一樣，聖菲德里斯稍微少一些。三所學校在自信心的改變程度都不相同，但都非常明確地向上提升。

上面所述的發現，有一部分並不能完全滿足迪・索醫師，雖然明確正向的結果使他感到歡欣鼓舞，而且呈現出來的效益非常一致，也讓他對心靈圓夢術再無疑慮，但總覺得還是缺了些什麼。對！在參加心靈圓夢訓練之前和訓練之後兩週來做測試，並不能證明這些效益是否能維持長久不退，但是訓練四個月後再來測試，就可以知道了。

於是迪・索醫師在羅倫斯威爾和聖菲德里斯這麼做了，並且得到一些令人驚喜的結果。經過四個月，兩所學校的學生在上述所有的人格特質上——自我力量、自信和沉穩等——都有長足的進步，其提升的幅度甚至遠遠超過訓練完兩週立刻做測試的表現。

根據這些研究得的結果，迪・索醫師在論文中總結道：

「或許，要評價上述這些不同教育背景的學生所展現的改變，最好的方式就是從教育家暨作家——約翰・霍爾特（John Holt）的角度來看這一切。在霍爾特的立場看來，我們的教育方式經常都教出一堆蠢材！因為它只會促進焦慮和內疚，並且幾乎不斷地仰賴外在環境的認同或不認同——這一切都只製造出一堆唯唯諾諾、神經質且機械化的行為，對提升教育或人類成長的貢獻卻少得可憐。我們有充分的理由相信，同樣的狀況也發生在其他的社會體中。

上述的研究結果——至少從教育的角度來看——已經指出了一個令人耳目一新且實際可行的替代方案：在心靈圓夢訓練過後，有一個持久且強勁的改變因子，那就是個人內在定位的轉變；換個說法，就是一個人對自我價值的認知已不再受制於外在世界的價值觀，轉而向自我控制邁出意義重大的一步。」

連老師都想要學習

在大部分採用並教導心靈圓夢術的學校裡，老師們也都迫不及待地想要學習，主要原因顯而易見——當然是看到訓練的效益囉！受訓後的老師們比較不那麼嘮叨，也更有耐心，如此一來，學生要度過課堂上的時光，也會變得輕鬆自在得多。

大家都知道，老師對學生的期望愈少，得到的就愈少，期望得愈多，得到的就更多。受過心靈圓夢訓練的老師們，對於荷西在第十四章中所說的「宇宙通用權利法則」——只要是人，都有這樣的權利——一定都已有了第一手的親身體驗，所以他們絕不會再小看任何人的心靈能力，他們對人類心靈那廣闊無垠的力量已經了解得非常清楚了。因此，他們會成為一位更優秀的老師，即使他的學生從來不曾聽說過心靈圓夢術這件事。

不論如何，當一個課堂上的學生和老師都是心靈圓夢術的畢業學員，教室裡肯定會發生非常了不起的事。

- 一位水牛城的小學老師教導她的學生運用心靈圓夢術最後一堂課學到的心靈檢測技巧，把心靈力量對準喬治・華盛頓和其他歷史人物，協助他們學習歷史。透過這個方式，他們能親身體驗歷史時代。除此之外，這也協助他們在之後考試時將心靈力量校準在她身上，來確認自己的答案是否正確。
- 一位大專老師讓學生們把心靈力量校準在一些哲學家身上，讓他們自己來解釋自己著作中模糊難解的部分。「非常有用！」她說。
- 喬依・萊特爾女士是維吉妮亞海灘的一位心靈圓夢術講師，她特別喜歡教導七到十七歲的年輕小朋友們。她的一些經驗曾經被寫成一篇名為「心靈圓夢課程之後，學生們突飛猛進！」的文章，登上一九七五年七月十六號的《諾福克紀事明星報》（Ledger-Star of Norfolk），就放在頭條新聞下面。她的一位學生本來因為過動症而服藥中，該篇報導文章寫道，這位活動力過強的年輕人的母親說：「在上過心靈圓夢課程後，我孩子的改變真的是棒到難以置信！他不但可以停止服藥，成績也從C進步A。心靈圓夢課程讓他了解到他有力量可以改變！」

- 有一位初中學生，他的成績原本是C，上過心靈圓夢課之後躍升到A。
- 一位初中生的拼字測驗每次都不及格，在上完課程後，她每次的拼字測驗都得到A。此外，她的閱讀能力在一年之內就從四年級程度跳級到了九年級。

參與者與不參與者的差別

我們一直沒有實際可行的方法，能將有上課程和沒上課程的學生放在一起比較，或是事後再來測量兩組之間的差異。因為迪・索醫師進行「受訓前」和「受訓後」測試的三所學校裡，幾乎所有的學生都參與了心靈圓夢課程。

不過，這個機會還是來了，就在賓州斯克蘭頓的斯克蘭頓大學裡，人類資源系的唐諾・安格爾教授讓復健諮詢課上的研究生們自由參與這個課程。有一些學生選擇不參加，人數足夠形成一個對照組，讓他和迪・索醫師可以研究找出一些不同之處。他們讓三十五個有上心靈圓夢課程的學生，以及另外三十五個沒有參與課程的學生，接受類似迪・索醫師在那些高中裡所用的測驗，只是題目是為成人所設計的。

結果，兩組之間的差異甚至在課程進行前就已經顯現。根據測驗結果顯示：那些選擇參加課程的人對體驗新事物有更開放的心，同時也更有自己的想法；那些選擇不參加課程的人，則更傳統、更受體制束縛，也更實際。

在課程結束後一個月，這兩組人再度接受測驗，結果顯示，除了原本的差異依舊存在，另外還出現一些顯著的變化：和另一組比起來，心靈圓夢課程組的情緒更加穩定而成熟，也更加自信、更加放鬆。

簡而言之，這次研究顯示，選擇參與心靈圓夢課程的人與那些不參加的人完全不同，然而，一旦人們願意接受課程，獲益也會隨之發生。

讓人們擺脫毒癮

提升自尊，對每個人都至關重要。舉例來說，對正在努力擺脫毒癮重拾自由的藥物成癮者而言，它可以**拯救一條生命**。心靈圓夢術用於協助人們擺脫毒癮的經驗並不多，但這些經驗已被證實是有效的。

保羅・格里瓦斯是曼哈頓心靈圓夢術中心的共同負責人，他想要了解心靈圓夢術對吸毒者能有什麼幫助，於是主動找到四位自願的毒癮者展開研究，其中兩位是美沙酮成癮，另外兩位則是海洛因。結果發現，兩位美沙酮成癮者覺得課程還蠻有幫助的，但沒能協助他們完全戒斷毒癮。美沙酮有高度的成癮性，經常用於戒斷海洛因的給藥計畫中。要讓成癮者離開美沙酮，會在生理上產生極大的痛苦，根據成癮者的說法，那痛苦太過強烈，以至於他們沒有辦法專注地練習心靈圓夢術。

至於海洛因成癮者，有一位在課程第一天就遇上家庭危機，因而退出了課程。留下來的那一位則成功擺脫了毒癮——在課程結束後，他有好幾個月都不再需要任何藥物。然後，某一天他打電話給格里瓦斯先生，說自己又染上了海洛因，希望能再上一次課程。於是格里瓦斯花了一天的時間協助他加強自己的心靈圓夢訓練，結果他再次戒了毒癮。這一次，他維持了好幾個月，然後突然某天就搬走了，格里瓦斯也因此失去了他的消息。

另一個企圖透過心靈圓夢術來幫助藥物成癮者的案例，是布朗克斯區的一個社區計畫。這項計畫的參與者是十八位曾經藥物成癮的人，其中，有一些人本身就是這個計畫的管理者及工作人員。根據那些接受課程訓練者的說法，他們對自己的控制從來沒有像現在這麼有力過，其中有幾位在受訓數個月後回報說，他們甚至能夠將自己所學到的某些訓練再傳給他們的家人。

可惜的是，他們沒有辦法進行可靠的「上課前」和「上課後」測驗，因為三個月後，十八位受訓者裡，有許多位都失聯了。

兩大啟發

這兩次經驗有告訴我們什麼訊息嗎？有的。格里瓦斯表示，雖然並沒有統計學上的數據證明，但是他的經驗點明了兩件事：

(1)**心靈圓夢術不應該只進入一位毒癮者的生活四十八個小時就離開，留他自己單獨面對接下來的一切。**對我們大部分人來說，這是一個徹底轉變的經驗，但對一位毒癮者來說，他要面對的是克服好幾年，甚至是一輩子累積的頑強惡習，再加上心理和生理上的成癮依賴，他絕對需要更長期、更頻繁的加強訓練。

「只要給我一個能讓我施展心靈圓夢訓練的戒毒計畫，」格里瓦斯說，「我保證一定能看到成果。」

(2)要克服毒癮真的非常困難，但相較於其他許多戒毒方式，心靈圓夢術對毒癮者來說，是更容易接受並實行的方法。

格里瓦斯相信，這是因為心靈圓夢術涉入的是意識的改變。**大部分人從來不曾改變自己的意識狀態，但藥物成癮者卻已經這樣做了許多次，只是他之前從來沒有進入一個有用的心靈層次，**一個可以增加自我掌控而不是讓自己失控的層次——這就是心靈圓夢術對毒癮者來說最有可能戒毒的希望所在。

不需要意志力的戒毒法

雖然在這個部分並沒有廣泛的研究案例，但從個別的心靈圓夢術學成者所回報的許多成功故事已足夠說明，格里瓦斯對心靈圓夢術的信心絕對有非常堅實的基礎。

一位心靈圓夢術畢業生在一九七一年時治好了自己的毒癮，直到現在依舊堅持不碰毒品：

「我知道我有一個非常嚴重的問題：海洛因成癮。有一個叫做心靈圓夢術的課程聲稱能幫助人們做許多事，包括擺脫你不想要的壞習慣。說老實話，我已經嘗試過大部分的戒毒方法，這個心靈圓夢課能怎麼幫助我已超出我現階段的理解範圍，但我倒很想看看。

雖然心中充滿懷疑，但是在看過精神科醫師和心理治療師，並參加過美沙酮計畫和進出各個醫院後，我願意嘗試任何事來擺脫毒癮。我非常確信，如果我不能停止對海洛因的依賴，一定活不到三年後的三十歲生日，而且這樣的生活方式讓我每天必須弄到高達兩百美金的生活費來買毒品。

『所謂的習慣，不過就是經由一再重複加強而烙印在腦細胞的印記，』心靈圓夢課程的講師這樣說，『只要從肇因層面——潛意識——去改變這個程式，你就能在結果層面——外意識——去改變行為模式。』在理智上，我知道他說的沒錯，但是我的情感面卻不斷告訴我，我需要使用藥物好讓我對生活麻木，並且對自我否定的感覺視而不見。這位講師接著教了一個技巧來改變我們的自我印象，讓我們從積弱不振、缺乏意志力而且無能的人，轉變為自信、自主、擁有健康自我印象的人。

雖然依舊心存懷疑，但我還是抱著一絲希望，開始在阿法層次當中用對自我的觀想來改變自己。我一天觀想自己三次，分別在早上、中午和晚上。這樣子觀想了三十天，到了七月二十日那天，我對藥物的所有渴望就消失殆盡，再也不曾出現了。雖然我在那三十天裡仍有使用藥物，但卻有計畫地一點一點減少用量，好讓我能在自己設定的目標日期前完全戒絕毒品。

在七月的那個偉大日子裡，我終於完全停止使用毒品，而且從那以後就再也不曾碰它們。這和之前許多次的戒毒經驗完全不同，之前我通常在停藥幾天或幾週後就又回頭尋求藥物的慰藉。然而這一次，我『打從心底』感到自己真的完全沒有任何吸毒的欲望，不需要意志力，不需要替代品，沒有任何壓抑感或欲望。這真的有用！

我終於自由了！」

酗酒者的希望曙光

酗酒是另一種糟糕的癮頭，它遠比毒癮更普遍，也更用力地毀掉許多生命——光是在美國，就有數百萬的受害者。這些受害者也有著同樣的迫切需求——期待能夠克服心中的無助感、挫敗感和內疚感，重新建立自信心和沉著力，好讓他們重返健康的路能變得更簡單、更輕鬆。

提升酗酒者的自我力量

一九七三年，有十五位酗酒者在他們接受治療的中途之家裡參與了一項研究計畫，計畫內容之一，就是讓他們接受心靈圓夢訓練，並且由迪・索醫師來測量評估結果。

這項研究為酗酒者的迫切需求找到了答案。迪・索醫師還是一樣讓他們先做性向測驗，用的是之前給斯克蘭頓大學研究生同樣的試題，而且也和之前一樣，在課程開始前就讓他們做第一次測驗，課程結束後一個月再做第二次。

這十五位受試者在課程前和課程後最強烈的對比，出現在操控行為這個方面。在這個群組的數據圖表上，呈現出一種轉變：從以狡詐手段來控制事情，轉變為以更真誠坦率而開放的態度來追求目標。這種轉變若要自然發生，機率只有百分之一。其他的改變則大多和之前所述的高中生及研究生實驗結果相同，他們有了更多的自我力量和自信心，對體驗新事物有了更輕鬆和開放的態度——對於那些努力想掙脫酒癮束縛的人來說，這些都是無價而珍貴的人格特質。

降低焦慮感

另一個顯著的改變，則是「威脅敏感度」——焦慮感——的降低。迪・索醫師這樣寫道：「關於威脅敏感度這個方面，牽涉到自律神經高度緊張和過度活躍，這對了解酗酒者的行為模式，很可能有著相當大的重要性。酗酒者很可能是試圖利用酒精做為平衡自己心理／生理症狀的一種手段，在感到威脅的情況之下，把酒精當做是平衡心靈／身體的一種解答，似乎能讓人從那種焦慮狀態中放鬆下來，獲得一些紓解。因此，一個改良過的自我概念與能力，應該是一個意義重大的替代方式，可以取代酒精來對治焦慮。」

十五個案例

中途之家的負責人，記錄了這十五位心靈圓夢術新科畢業生在六個月後的狀況（為了保護他們的隱私權，以下簡稱他為「個案」或S，而不以真名示人）。

個案1 在經歷一個九十天的勒戒療程之後，至今未曾故態復萌。S自從上過心靈圓夢課程後，就由一個消極被動、內向退縮的人，進步為一個和藹可親、外向直率且幽默風趣的冷面笑匠。

個案2 自從接受心靈圓夢課程後，S從來不曾酒癮復發，他結束了中途之家的療程並搬了出去，看來S內在幸福自信的自我意識已經開始發展出來了。

個案3 在接受醫院計畫的勒戒療程後，S沒有再復發。由於心靈圓夢訓練，S在匿名戒酒會裡體驗到明確而顯著的進步。

個案4 由於住院治療前先接受了心靈圓夢訓練，S並未復發。我們非常確定心靈圓夢課程大大加強了他療程的治療效果。

個案5 結束醫院的勒戒計畫後，S從來不曾復發。

個案6 沒有復發。S的幸福感很明確的持提升中，他的整個家庭都穩定了下來，由此可以清楚看到他的進步。此外，他在大學裡的課業成績也進步了。

個案7 S至今不曾復發。完成心靈圓夢課程後，S並沒有繼續參加匿名戒酒會，但是很顯然的，他正秉持著戒絕酒精的理念生活著。此外，他的家庭關係似乎也改善了不少。

個案8 心靈圓夢課程後不曾復發。家庭關係也大為改善，S從一個刻薄易怒型的人轉變為和藹可親、「愛你的鄰居」型的和善人格。

個案9 這位個案是一位女性，同樣不曾復發，目前穩定就業中。

個案10 無復發。S現在是一個目標導向的人，他完全改掉了妄自菲薄、自我設限的個性，積極地尋求能達到更高成就的機會。

個案11 在接受心靈圓夢術的訓練之後，S表示他的生活已經逐步變得愈來愈好了，從他家人們所展現出來的幸福感，以及他的工作記錄，都可以明確地證實這一點。後來，S從來沒有復發過。

個案12 曾參加十二年的匿名戒酒會療程。在完成心靈圓夢課程之後，S只有一次小小的復發，整個過程不到一小時，之後就再也不曾故態復萌。

個案13 從醫院的勒戒療程中畢業後就不曾再復發，由於心靈圓夢訓練，S正逐步「把自己整合起來」。不論在工作還是家庭等方面，都可以看到他的進步。

個案14 在心靈圓夢訓練後，S復發了幾次，但是每一次復發他都靠自己的力量走了出來。在酒癮復發時，他從來沒有一次入院治療過——就像那些入院治療前先接受心靈圓夢訓練的人一樣。

個案15 八年來在匿名戒酒會療程進進出出，在接受心靈圓夢訓練之前，共入院治療過四次，而且在過渡期間也不時犯規或破戒。在接受心靈圓夢課程後，S總共復發了四次，其中有兩次需要短暫入院治療。

對於不斷努力掙脫酒癮的這十五位酗酒者來說，心靈圓夢術顯然是非常有力的推進器。當然了，這個小小的研究並不足以證明心靈圓夢術應該立刻納入戒酒療程的一部分，然而，不論是學生還是精神病患，在訓練前和訓練後所做的測驗結果都顯示幸福感大大提升，這種轉變如此一致，已經清楚說明：那些努力尋求更好方法來幫助酗酒者的人，都應該給心靈圓夢術一個機會大展身手。

幫助窮人打破自我限制

還有另外一種情況會導致人們自尊破碎，但那不像酗酒或吸毒是自我強加而來，而是更普遍的狀況——貧窮。打從人類社會形成以來，人們對於貧窮的原因和補救的方法就一直爭論不休。心靈圓夢術並沒有加入這場論戰，卻可以提供極大的協助來說服窮人們：**他們可以重振自己的力量，幫助自己站起來。**

有些人可能會覺得這聽起來好像我們其實已經加入論戰了——說服窮人們自己站起來，似乎已認定他們該為自己的貧窮負責。事實當然不是這樣，不過每個貧困的人都能夠幫助自己打破自我限制，只要他們能在心靈圓夢術中找到其他人找到的寶藏——掌握自己生命更大的力量。

打破惡性循環

將心靈圓夢術納入社會工作中重建計畫的一部分，能夠帶來多大效益呢？關於這個議題的第一個重要研究，是一個包含四十一位領社會福利金維生男女的實驗。

我們都知道，當一個人發現自己失業了，他的自尊將會受到重大的打擊，這會讓他對解決問題的思考及行動都更加困難。一個挫敗、自我否定的求職者，勢必會讓自己在面試時了無生氣、表現黯淡，因而拉長了他的失業期，結果就是惡性循環，讓他自尊更加低落，最後終於走向社會救濟一途。

如果能做些什麼事來打斷這種惡性循環，並且實際提升他的自尊，那麼這個人就能擁有更大的力量幫助自己站起來。

變化最顯著的報告

大體來說，這就是賴瑞・希爾鐸（Larry Hidore）的推論。他是美國密西根州渥太華郡社會服務部的主任，曾經上過心靈圓夢課程，非常了解這個訓練的效益，他心裡唯一的問題是：實驗結果是否能被測量，以及該用什麼樣的測量方法。

為了設計實驗計畫並進行測試，他和迪・索醫師去拜訪了密西根荷蘭鎮希望學院的心理學教授詹姆斯・莫提夫博士（Dr. James Motiff）。他們為這個實驗選擇了廣為使用的「田納西自我概念測量」，那是一個六頁共一百道題目的測驗，能測出一個人對自我評價的五大面向，包括生理自我、道德／倫理自我、個人自我、家庭自我，以及社會自我。受試者總共要做兩次測驗，一次在上課之前，一次在之後。

光就這一點來看，很可能讓某些人把實驗結果視為單純的「霍桑效應」。在二〇年代中期到三〇年代初期，西電公司為了了解工作環境中各種不同的改變是否能提高員工的士氣，於是在他們位於芝加哥的霍桑廠裡展開了一次影響深遠的實驗計畫。然而實驗結果卻顯示，不論公司做了什麼，員工的士氣都顯著飆升，他們放進某個變數，士氣飆升，把那個變數拿走，士氣還是飆升，最後得出結論：人們只是單純的因為受到注意而興高采烈，士氣也因此而大幅提升。

為了測量霍桑效應的可能性，莫提夫博士測試了另一組沒有接受心靈圓夢訓練的社會救濟戶。他們也會受試兩次，不同的是，在兩次測驗之間，他們完全沒有經歷什麼特別的事，因此絕對不會有「霍桑效應」。

實驗結束時，那些接受了心靈圓夢訓練的人對自己的看法有了完全不同的改變——某些案例的改變之大，如果要等偶然巧合發生，機率是百萬分之一以下。在各個面向上的改變都非常顯著：這些心靈圓夢術新鮮人都認為現在的自己比他們之前認識的自己要好得太多，並且對於解決自身問題的力量感到有一股全新的自信。

變化的程度非常巨大，讓莫提夫博士驚異地大聲宣告這份資料是「我所看過變化最顯著的報告」。

一份該研究的報告寫著——

「對於一個陷在窮困之中靠社會救濟為生的母親，究竟能否接受突然闖入的心靈圓夢術，和它一派樂觀的『好還會更好』哲學，這一點有些令人擔心。不過，這份擔心很快就被沖走了……第二個週末，一開始就參加實驗的所有人全都回來完成了課程，原本的害羞沉默也轉變為七嘴八舌、活力十足的嗡嗡討論聲，揚言要把這堂課變成徹頭徹尾的重振生命會議。

幾乎每個人都有一些積極、有建設性的進度報告……跟他們的孩子有了全新的親密關係……長久以來惱人的頭痛消失了……挫敗減少了……成功減重了……等等。一位容光煥發的年輕母親表示，她利用鏡像觀想P055的心靈技巧來找尋就業面試結果的回覆，結果只看到一隻手在寫支票，第二天，她就得到了她一直夢寐以求的工作！」

讓牢獄生活更有意義

心靈的狀態大都是這樣的，一個受傷的自我意識會把一個人禁錮在牢籠裡，讓他在那兒慢慢變得粗暴而殘忍。然而，心靈還有另一種狀態，那就是——一旦這個人能重獲「自由」，他就能迅速恢復心靈健康。心靈圓夢術可望能為囚犯帶來的那種自由，我們其他人也能同樣的體驗到：因為心靈束縛的猛烈攻擊也同樣以「外顯症狀」的模式出現在我們許多人身上，比如說頭痛、潰瘍、失眠、日常工作表現失敗等，這些就像是囚徒們的高牆與鐵窗一樣啊！

對於監獄中的受刑人，心靈圓夢術在這方面有限的經驗指出，它引導人們走進一個比較不那麼殘酷的環境。蹲牢虛耗的無聊光陰，不再是被法律奪走的寶貴人生，而是生命本身豐富精采的一部分——是自我成長和自我探索的時光。心靈圓夢術可能無法將監獄變成一個快樂的隱居樂園，但卻能讓它成為一個更文明、更適合成長的地方。

雖然還沒有人做過統計數據的研究，但受刑人和其督導者的個人經驗其實更有說服力。李・羅佐維克曾是心靈圓夢術在新澤西州的地區協調員（他在一九七六年初辭去這個職務，專心建立了一座名霍姆的心靈社區），在他任職期間，曾經七次到拉威州立監獄去教導這門課程——四次是針對受刑人，學員總數約達六十位，另外三次則是對監獄工作人員。

「毫無疑問的，」他說，「不論是受刑人還是工作人員，他們從心靈圓夢課程上得到的益處都顯而易見，你從他們臉上就可以看得出來。」最讓官員們印象深刻的是，那些正在攻讀大學的受刑人們都因為這堂課而得到了大學學分。

羅佐維克先生從心靈圓夢術的職位辭職後，接任的是羅納德‧哥瑞耶，他在新澤西巴賽克縣立監獄裡對十位受刑人提供了這門課程。其中有一位因為出獄而中斷受訓，他非常想回來完成課程，典獄人員不得不拒絕他。另外有一位在完成課程後，要求單獨監禁，好讓他能專心靜坐——典獄人員答應了這個請求。還有另一位運用心靈螢幕技巧設計創造了一個監獄外的工作，結果他真的找到了一個工作，現在他需要的只有假釋令了！

19

事業上的心靈圓夢術

讓你在職業生涯裡變幸運

你將會覺得自己變得更幸運，
因為你的確是更幸運了！

想像一下，如果你相信墨菲定律（又稱「莫非定律」）——「如果事情可以被搞砸，它就一定會搞砸，而且會砸在最糟糕的時間點！」然後某一天，你突然發現世界上根本沒有這種定律，取而代之的，是荷西主張的「宇宙通用權利法則」，那麼你將會覺得自己變得更幸運，因為你的確是更幸運了。

許多心靈圓夢術的學成者都說，這就是實際發生在他們職場生涯上的事。業務員發現他的客戶更容易接受他，科學家們發現許多費解難題的答案都在突然間浮現，職業運動選手們都達到了更好的成績，失業者都順利找到工作，有工作的人則更享受他們的工作……。

羅氏藥廠的經驗

「當我會見全公司上下的心靈圓夢術學成者，」四十四歲的麥可·希金斯說，「我發現這些人們都擁有同樣的積極態度，他們身上都散發出喜樂愉悅，我總是不停地感受到這些。」希金斯是霍夫曼—拉羅氏公司在新澤西納特利廠的職業發展部主任。

羅氏公司是世界上製藥廠商的巨頭之一。「說起來你可能會大吃一驚，我們原本是從鎮定劑藥廠起家，」希金斯說，「但我們對促進心靈健康的各種替代方法都抱持開放接受的態度，這就是我們在一九七三年開始探索西瓦心靈圓夢術時最原始的動機之一。」

另一個促使希金斯開始研究心靈圓夢課程的原因，是他認為：不管在任何一家公司裡，即使是最有效率的員工，也很少能完全發揮潛能，達到他真正能達到的效益。然而，他卻在心靈圓夢術裡找到了的答案。他開始策劃一個領航員計畫，初期由公司主導支撐，接著要建立足夠的熱情，讓他們自己起飛。他宣布這個計畫之後，「一個晚上就有五十個人登記參加。」然後他去鄰鎮帕特森的一間教堂拜訪那兒的教士艾伯特・哥瑞耶牧師，他是心靈圓夢課程裡最有魅力的講師之一。

這個計畫成功了！三年後的今天（一九七七年），這座工廠裡已經有超過三百位的心靈圓夢術學成者，包括高層管理人員、科學家、祕書、工程師、實驗室助理和人事部經理。有些人是由公司出資贊助他們去上課，但更多是自己主動付費上課。

「我對於研究那些受訓上課的人們特別有興趣，簡直入了迷。一開始嘲諷得最用力的人，最後反而成為對課程最熱衷的人。」希金斯說。

這裡有一些羅氏公司心靈圓夢術學成者的意見，發表在工廠報紙《羅氏內部》（Inside Roche）裡：

• 一位行銷主管說：「它讓我對自我覺知、與同事間互動合作的重要性有了全新的感受。我正試著運用所學發展各種能力，以便能在我的自身興趣和技能成就之間取得連結，這樣就不會浪費那麼多的時間和動作。」

• 一位助理生化學家說：「我的心態一整個改變了，結果是我終於相信，當你積極看待生命時，好事真的會發生。你很難想像，當人們心懷喜悅並互相包容，彼此之間會有多少溫暖流過。」

• 一位人事管理員說：「這是我身上發生過最好的事情之一，對我來說，能夠參加這次課程不啻是一份恩典，這門強調正面積極思考的課程幫助我發展出一份內在的平靜，並讓我更有自信。」

• 一位工廠服務主管說：「我在心理上感覺好多了——我不再擔心個不停，也不再把每一件事都當成十萬火急來處理，我學會放輕鬆，頭痛的毛病也因此減輕了。這一切成功的關鍵就是——相信。」

• 一位資深系統分析師說：「這個課程帶給我的成果，是自信心的提升與一種整體洋溢的幸福感。它教導我們看清自己內在本質的各個面向，尤其是我們經常會忽略掉的部分。比方說，這課程提升了我們對他人的敏感性，讓我們更能覺知到理性思維想要否定的直覺體驗。」

點子銀行公司的專利發明

位在芝加哥的點子銀行公司（Idea Banque, Inc）是一家以心靈圓夢技巧為基礎而建立的企業——它和心靈圓夢術的畢業學員合作銷售具市場性的各種發明。

公司的發起人是理查・希洛——芝加哥地區心靈圓夢術活動的領導人，他提出了一個複雜的行銷問題，想要看看在阿法和希塔層次閃現的直覺靈感是否能引領出一個具體可行的解決答案。身為擁有十年以上市場行銷顧問經驗的希洛先生，心中當然已有一個完美的答案，那是**他花了十年才找到的解答，但心靈圓夢術的畢業學員們也找到了這個完美解答——只花了十分鐘**。

「我非常期待這樣的事情發生，我只是沒想到，非技術人員在技術問題上的表現竟然遠優於業界的老手。他們並沒有被理性邏輯綁住，因而可以開發出更多的可能性。」

「我不得不說，」他說，「二十個人在他們的層次裡開發出富創造性的想像力結合而得的智慧，和二十個人一起努力討論企圖推理出一個解決方案所展現的智能，兩者相比，前者的效率會是後者的一千倍。」

利用相同的解決問題技巧，他自己也發明了一種製造鋼絲水泥的新方法，並且獲得了專利。然後，心靈圓夢術的畢業學員也跟著發展出他們自己的點子，並且開始需要一些市場行銷的專業知識與方法。「點子銀行公司就這麼誕生了！」他解釋道。

總而言之，點子公司現在已邁入第二年（建立於一九七四年），共有十八項發明已經上市或準備上市，其中有幾項已經創造了銷售佳績。舉例來說，有「食葉機」——割草機的一種附件，可以把落葉打碎變成覆蓋植物的護根物，一家電視購物公司總共買了兩百五十萬臺。另一項是一種專門用來修補紗窗破洞的黏膠貼片，它不像一般那樣做成透明的掩人耳目，相反的，它完全吸睛搶眼——「蟲蟲塞子」有著各種蟲蟲的漂亮外形和鮮豔色彩。

這家公司每個月開一次會，透過靜坐冥想來解決問題。成員們滿腦子都是極具獲利潛能的點子，只要支付入會費和每月一點點的月費，就能分享利潤。

心靈圓夢術選股實驗

另一個由心靈圓夢術畢業學員在芝加哥建立的商業集團是——或者該說，曾經是一家投資會社。一位股票經紀人認為，能夠把在時間之流中自由往來於過去與未來的新能力用於選股上，可以說是極具優勢。如果你在靜坐冥想中看到某一支股票的未來，就可以現在買入，等未來再賣出。這個計畫吸引了希洛先生的興趣，於是一個投資會社就此成型。希洛先生、那位股票經紀人和其他的會員們，大家都躍躍欲試，但又不是那麼確定。心靈圓夢術已經解決過範圍廣闊的各種問題，但是到目前為止，還沒有人知道，它對於準確預知華爾街股票價格的跌宕起伏是否也同樣有效。

帶著這心態健康的合理懷疑，會員們在前六個月每週一次的試驗期裡都緊抓著他們的資金不願輕率出手。

那位股票經紀人每週都提供十支股票的名稱，會員們則進入阿法層次觀想自己在未來三十天裡的狀況。他們看到自己待在那位股票經紀人的辦公室裡或正在看報紙，了解每支股票的表現。當他們回到貝塔層次的現在，他們看到的事都大致相符。接著，他們投票表決看要選擇哪一支股票，當某一支股票的表決結果達到一．五比一時，他們就買那支股票——理論上來說就是這樣。

然而，計畫一開始就出現了一個問題：會員們得先看清他們那種興高采烈的樂觀主義，因為這些心靈圓夢術學員的特徵之一就是——對於股票市場到底會怎麼變化，他們通常都是一無所知，這讓他們在一開始時，看到所有的股票都是上漲。不過，他們很快就學會了個中訣竅，並且開始出現「命中」結果。漸漸的，這個團體的「投資組合」開始表現得比市場平均水平還要好。

這時候，另一個問題出現了。隨著學員們的興致日益高漲，這些心靈圓夢術投資者開始閱讀他們所選股票的各種資訊，變得愈來愈了解狀況，他們將這些具體事實的資訊帶入靜坐冥想當中，導致他們的帳面獲利（投資者買進但未賣出股票的未實現利得）開始下滑。

為了解決這個問題，他們不再提供股票名稱，而是給每一支股票一個密碼數字，這樣他們就不會知道自己在心靈層次裡研究的股票到底是哪一支。於是，結果開始好轉，他們的表現再次超越市場水平。經過了六個月的實戰操練，數據證明受過訓練的心靈運作者能夠超越股票市場的變化，該是時候真槍實彈投入真正的資金了。

從試驗期轉變為實際投資的過程非常順利，會員們都得到了實質獲利，當市場下跌時，他們的股票也會跟著下跌，但不會像市場整體下跌得那麼多；而當市場走強時，他們的股票也跟著上漲，而且漲幅都比市場表現要來得更高。然而，大約一年以後，問題出現了。市場開始跌多於漲，該團體的獲利也跟著下滑，雖然幅度沒有那麼劇烈，但總之是下滑了，團體成員們覺得自己能跑贏市場的那種自豪得意，也隨著他們的損失開始黯淡下來。

任何一個老練的投資客都會告訴你，在市場走跌時，你還是可以賺錢而不虧錢——只要賣空就好。就算你現在手上並沒有那支股票，你還是可以現在先賣掉它（向證券商借股票來賣），等到它的價格下跌時再買入回補就好了（以低價買入還證券商，賺中間的差價）。這是完全合法的——但這是來自於他人損失而得到的利益，換句話說，它是**從壞消息裡得來的獲益——這不是心靈運作者的作風**。於是，這個會社的運作就暫時停止了。

我在寫這篇文章的時候，市場正在上揚，希洛先生表示，這個會社的會員很可能會再次進場。

棒球員的心靈圓夢術

希洛先生對於心靈圓夢術各種用途的興趣，還從商業界延伸到了體育界。他說，運動基本上就是一種商業，就和行銷新產品和投資股票市場一模一樣。你可能聽說過，一些芝加哥白襪隊的球員們曾接受心靈圓夢訓練，這件事在一九七五年的夏季裡曾被廣為宣傳，還上了ＣＢＳ電視臺（哥倫比亞廣播公司）的《六十分鐘》和ＮＢＣ電視臺（國家廣播公司）的《今日秀》節目，這大部分都是出自希洛先生之手。

在棒球賽季結束後，他比較了每個球員在學習心靈圓夢術之前（一九七四年）和之後（一九七五年）的個人得分成績，結果每一位球員的得分都提高了，而且大部分的提升幅度都非常顯著。

最熱衷於練習的業務員

在心靈圓夢術的學成者當中，最熱衷的大都是業務員。

「我會進入我的層次，觀想一通順利成交的電話。結果非常可觀！每個月我都會設定一個目標，告訴自己我將會賺進多少數字，這個目標數字愈訂愈高，目前我仍然持續創新高。」說這話的人，是華爾街一家頗負盛名公司裡的業務員。

另外，一家小型鋼鐵公司的副總裁說：「我總是告訴自己，我會賣掉這個傢伙！結果非常成功，現在我正把它（心靈圓夢術）推薦給我的業務員、我的合作夥伴，甚至是我的孩子們。我認為每一個人都可以因它而受益，而且不僅僅是在工作上受益，在他們的個人生活上也一樣利益無窮。」

找工作也很好用

根據大部分心靈圓夢術學成者的報告，當中最令人印象深刻的成果，大都發生在尋找新工作上。

來自於心靈圓夢訓練所展現的從容自信，很可能是達陣成功的一大關鍵要素，其重要性不亞於其他各種因素——相信自己必須尋找一份更好工作的信心，面試時所展現的輕鬆自在，任何一點都能讓一個人在職業生涯裡力挽狂瀾。

• 一位必須撫養妻子和兩個小孩的攝影師在措手不及間失去了工作，他寫信給他的講師。

「如果這事發生在五年前，我一定立刻衝到最近的酒吧裡，帶著這個全世界最正當的理由恣意買醉咆哮……然後跟旁邊那個同樣失業的傢伙一起混在啤酒裡哭哭啼啼。但是現在我有了心靈圓夢術……能夠撥開烏雲，讓我彷彿在萬里無雲的天空俯瞰大地般清晰明白，使我能立刻撫平所有的傷痛和挫折，並且透過觀想我的心靈螢幕找到許多失落的法案條款。至於我能不能找到另一份新的工作，我沒有一絲一毫的擔心。

我所做的只是進入我的層次，然後看到自己去上大學。我一開始還以為它是來亂的，因為實際上我已經大學畢業了……然而經過調查，我發現自己原來符合GI法案（The GI Bill of Rights，美國軍人權利法案，明定參與二戰的軍人可獲得由失業保險支付的經濟補貼及大學教育）的資格，能夠請領四百元美金的補助，再加上三百美元的失業救濟金，我總共可以實領到七百美元，這比我在工作時的所得多出了二百美元。這還沒算上現在我可以把照片賣給美聯社（AP）、合眾國際社（UPI）和各個雜誌的收入所得。」

- 紐約一位失業的心靈圓夢術新鮮人撥了一通怒氣沖沖的電話給荷西說：「你再跟我說心靈圓夢術有多讚啊！」結果荷西只是平靜地告訴他，繼續努力做心靈螢幕及其他心靈圓夢技巧的練習。三天後，他帶著完全不同的心靈狀態再度打給荷西，他剛剛找到一份工作，薪水是他之前工作的三倍之多。
- 一對夫妻回報的故事，可能是心靈圓夢術運用於商業上最鮮活有趣的經驗：他們專門幫別人打開保險箱。做法是這樣的：其中一人在心靈上進入實驗室，召喚出這個保險箱和它主人鮮活如真的心靈影像，然後將時光倒轉，盡可能回到那主人上一次打開保險箱的時刻。另一位則擔任心靈導向師，當心靈運作師大聲念出密碼時，他就仔細小心地將它們記下來。然後他們回到現實的貝塔層次，前往某一戶人家，為滿心驚異與感恩的主人打開他的保險箱。這位心靈運作師是中西部一位領有牌照的鎖匠，他經常受委託幫人們打開保險箱，因為它們的主人完全忘記了密碼。

20

你可以變得更好

我們都是自己心靈的研究總監

在一粒沙中看見世界，在一朵花裡發現天堂。
在你的手中掌握無垠，將每個瞬間化為永恆。

從你第一次成功運用心靈圓夢術的那一刻起，就註定展開一趟自我探索的漫長旅程。你在自我探索中發現的所有事情，**一定都會是好消息**，最後，當你能夠讓一切事物都為你運作，那麼，關於未來如何發展，將會有許多條道路向你敞開。

可能的瓶頸

你可以透過閱讀書籍、與朋友討論，或是其他課程來嘗試更多的技巧，並且將它們加入你的心靈工具隨意運用，但另一方面，你也可能會發現，就算是天大的奇蹟，當它一而再、再而三的發生，你也會因為覺得司空見慣而不以為奇，隨著因新發現而生的興奮狂喜日益平淡，你可能會放鬆懈怠，然後慢慢飄回你的原始狀態。又或者你發現某種心靈圓夢技巧對你而言比其他技巧都有效，所以專攻那門技巧，讓它變成你生活中一個可依賴的部分。

對你來說，這些道路沒有哪一條是最好的。

如果你對其他技巧展開研究，就會發現許多方法都很有效，但很有可能你找到的那些方法都早已被荷西研究過，只是沒有被放進他目前的課程內容裡。那些成為技巧搜集者的人花了大把時間，最後都難以發展出幾個有用的技巧，只是技巧愈來愈純熟罷了（稍後我們再來更深入的談這一點）。

如果你發現自己的興奮感愈來愈平淡，因而愈來愈提不起勁去練習心靈圓夢術的種種技巧，放心，你並不是唯一的一個。更重要的是，你所經歷的一切並不會完完全全的消失，荷西曾經明確指出，**一旦你學會了心靈圓夢術，你所受的訓練永遠不會完全忘失，遇到緊急狀況時，你一定可以回想起來，並且讓它派上用場。**

許多心靈圓夢術學成者的做法是，專攻某個他特別拿手的技巧，而他們運用得愈多，結果就愈好。不過，還有第四條路，遠遠比這三條路（(1)搜集其他心靈技巧；(2)因習以為常而提不起勁；(3)只專攻拿手的心靈圓夢技巧）還要更好。

心靈圓夢術是一種精心挑選的心靈訓練及技巧，彼此能夠相互加強互補。若單單只因為你對某個技巧運用得不像其他人那麼好，就忽視它、拒絕它，等於是放棄了真正全面發展的機會。

夢境控制能加強你運用心靈螢幕的能力，心靈螢幕則能讓夢境控制更真實鮮活……，不論是課程，還是荷西在這裡分享的內容，都只是拼圖中的一小片，完整的拼圖比這些部分風景要大得多。

接下來會變成怎樣？

當然，你還是會想要知道，當你練習了這所有的技巧並且讓它運作生效，接下來會變成怎樣呢？

單單只是讓心靈圓夢術運作成功是不夠的。在你前面，永遠都有程度更深的控制、更細微敏銳的體驗。

曾經有一個學員問荷西：「一個人要到什麼時候，才會知道他已經得到心靈圓夢術裡能得到的一切？」

「當你能夠把你所有的問題都轉化為計畫，並且讓你的計畫都依你所想的方式運作成功解決問題。」他回答，然後停頓了一下，又補充說道，「不……它比那更深遠。當你了解我們每個人生來都擁有多麼巨大的力量，當你從自身的體驗中看到這些力量只能用於正面建設之處，你才會了解我們之所以存在於這個星球上，背後是有尊嚴和目的的。我個人認為，這個我們必須完成的目的就是——進化。現在，這是屬於我們自己的進化，是每個人的責任。我想大多數人對於這點或多或少都有一種淡淡的直覺，當你對心靈圓夢術練習得愈多，這個直覺就會愈強，直到有一天，它終於變成一種堅定的確認……。」

在前方等待你的，正是這種極深度的體驗：**「堅定地確信」每件事後面都有一個美好的目的。**在心靈圓夢術裡，你不需要拋棄世俗生活、冥想靜坐多年，才能神祕地在腦中閃現出這種境界，事實上，它很快就會發生。從日常生活的種種事物來下手，效果更快更好──不論是每天的生活瑣事，還是那些命中註定發生的大事。

每件事後面都有一個美好的目的

接著來看看，生活中一個非常小的事件──心靈圓夢術新鮮人可能會經驗到的那種──如何成為一個邁向「堅定地確信」的重要踏板。

最近一位學員剛度假回來，他回家後的第一件事就是把底片從相機中取出，並在行李箱中搜尋另一捲拍過的底片。結果，他怎樣都找不到！底片並不是什麼大不了的損失，但卻使人懊惱至極，因為那裡頭記錄了他假期第一週的回憶。

於是他進入自己的心靈層次，回到他最後一次替相機換底片的時候，但他只在心靈螢幕上看到相機單獨放在他的咖啡桌上。那是他放進第一捲底片的地方，而不是第二捲。他繼續待在層次中，從拍第一張照到最後一張，一張一張地檢視，但仍然沒有他換底片的影像，只有那個咖啡桌場景頑固地一再出現。

最後，他相信自己的心靈螢幕是失敗了，只好拿那唯一的一捲底片去沖洗。當照片拿回來的時候，他發現他拍的所有照片——從假期一開始到結束——都在那捲底片中，原來從一開始，就沒有第二捲底片。

即使是這麼小的事件，它還是讓這位學員在離開課堂之後，第一次有了堅實的理由對自己的心靈力量更具信心。只要再多幾個像這樣的小事件，然後其中幾個主要事件不僅幫助了自己，也讓他人獲益，那麼他對自己，以及圍繞著他的這個世界的看法，就會開始改變，他的生活也同樣會改變，因為他已經來到那個「堅定地確信」的門口。

而在這一路上，他可能會達到諸如下列的事蹟：

一位實行心靈圓夢術已有數個月的學員，他有一個女兒和兩隻貓，但女兒對貓咪過敏。每次跟貓兒一起玩時，她就會不舒服地喘氣，並且爆發一堆疹子。於是，他在靜坐冥想時把這個問題投在心靈螢幕上，然後想像問題解決的影像——

他女兒正在跟他們的貓咪們玩耍，呼吸順暢，也沒有起疹子。他這樣觀想大概一個星期後，有一天，他在真實的生活中真的看到了他所觀想的畫面，他的女兒再也不會對貓咪過敏了！

上述兩個案例都只運用了心靈螢幕的技巧，兩者都很成功，因此，你可能會問，既然如此，又何必傷腦筋去學其他技巧？

在第一個案例中，如果那位學員就只學了心靈螢幕技巧的運用，別無他法，他可能還是可以達到同樣的結果——也許他只是努力地去觸發回想一個「被忘記的」事實，高層智慧並沒有介入運作——這一點我們永遠無法確定。

第二個案例就涉及比較廣泛的心靈圓夢訓練——進入層次、觀想練習、以有效的感官投射將治療以心靈感應的方式傳送出去、夢境控制，以及心靈檢測，所以在他的渴望和信念中可以放入全面而充分的確定與預期。

他們都救了自己一命

透過廣泛的練習，你的心會開始懂得走捷徑；對於重大事件的微弱訊息，你的心會變得更敏感，即使你沒有刻意搜尋，也能接收到它們。有一位心靈運作者，很可能就是因為這樣救了自己一命。

有一天早晨，她在上班前進行靜坐冥想，想要利用心靈螢幕來修正一個工作上的小問題。結果一個大大的黑色叉叉出現，封鎖了她正想要打開的心靈螢幕，接著又封鎖了所有其他跟辦公室相關的場景想像。一個讓人無法忽視的強大「直覺」告訴她那天最好不要進公司，所以她開心的待在家裡。稍後她才知道，如果那天她去了辦公室，就會遇上一場武裝搶劫——許多人因此受到重傷。一般正常狀況，這種訊息應該會透過夢境控制來傳達給我們，但因為她用的是心靈螢幕，所以它就以這個方式出現了。

這裡還有另一個案例，這位學員的心靈是如此訓練有素，以至於在一場重大的緊急意外中，他不用花時間進入阿法層次就讓一切獲得控制。總共有九位目擊者，可以為下面這封信中所敘述的諸多事件作證。

週三我購物回家時，兩隻手都抱著袋子，我拉開紗門，可是還來不及打開裡頭的內門，紗門就彈回來。我感到很不耐煩，非常用力地把門推開，結果——出乎我意料之外的，門飛快凶猛地彈回來，尖銳的門把卡進了我的手臂——手肘下方的部位。我丟下袋子，慢慢地把門把拉出我的手臂，看到傷口穿過層層組織，形成一個深深的洞。

鮮血開始湧出，填滿了那個深洞，再溢湧出來。我沒有時間去感覺虛弱暈眩，相反的，我立刻集中精神開始用意念止血。當出血真的停止時，一陣狂喜如巨浪穿過我的身體——我幾乎無法相信我的眼睛。

當我沖洗清潔傷口的時候，第一陣疼痛來了。我坐下來，進入我的層次，我本來已經計畫好要前往波士頓去聽湯普森少校在一場心靈圓夢術大會上的演講，現在我想要看看是否該取消那場旅行，改去看醫師。然而，我有一股強烈的衝動想要去波士頓，同時還有另一股衝動想測試自己的信心，看看自己是否已學會控制疼痛。

在前往波士頓的路上，我不斷地努力控制疼痛，但是在演講過程中，它變得如此劇烈難當，而我的手指又是如此麻痺僵硬，即使進入層次也幾乎無法忍受。我感到很內疚，因為我完全無法專心聽演講——然而到了第二天，我卻能幾乎一字不漏地覆誦它。

在這樣劇烈的疼痛中，我一遍又一遍地在心中呼救，瑪莎一定是聽到我的呼喊，因為演講後當人們在咖啡桌邊漫步閒聊時，她堅持要看我的「切口」。我解開繃帶時，傷口仍然張著大大的開口——有一塊肉在我拉出門把時已經有些脫落了，它周遭的皮膚呈現出一種紫黑色。

她趕忙尋求協助，在找到附近最近的醫院後，她跟丹尼斯・史多林一起走了回來。我說我不想去醫院，我想要丹尼斯幫我治療，於是我們退到一個安靜的角落，丹尼斯在那兒進入了他的層次。

當他開始為我的傷口「發功」時，我的疼痛變得非常劇烈，以至於我不得不也進入我的層次，一起對傷口「發功」。當他開始把破碎的組織一小塊一小塊地接合在一起時，他的手指拉出了巨浪般的劇痛，傷口變得非常敏感，我覺得很想要尖叫哀嚎。我試著專注心念讓疼痛離開，同時向丹尼斯和我自己發送求救信號，一遍又一遍——終於成功擊退想要叫他停止然後讓我去急診室的衝動（這衝動毫無疑問是來自貝塔層），我真的很希望這治療能成功。

幾個小時後，我似乎能感覺到疼痛開始消退，一開始，我覺得大約百分之十的疼痛減輕了，然後是百分之十五的疼痛不見了。當丹尼斯問我現在感覺如何，我覺得大約有四分之一的疼痛都消失了。

當我們持續往下治療時，最內層的組織開始癒合，接著，外層的組織也開始一層一層地修復，這時，疼痛變得更加劇烈了。儘管注意力都放在治療傷口上，我還是能稍微感覺到在我身邊移動的人們——尤其是那些站我身後的人，他們在我極度需要的時候，幫忙帶走了我的部分疼痛，我感到無比的感激。接著第二波劇痛襲來，我必須奮力集中精神，才能對付它們。

我們接著專注「發功」，讓傷口最深處開始癒合。我可以感覺到人們在我們身邊圍起了一個圓圈，一起把力量傳給我們。我可以感覺到能量如大潮汩汩湧過我的身體——那力量大到幾乎讓我從椅子上飄升起來。

丹尼斯也感覺到了，在其他人的協助之下，治療進展得更快了。有一些站在圓圈裡的人事後告訴我，他們可以看到傷口癒合、腫脹消退，皮膚的顏色從一種不健康的紫色慢慢變成紫紅色、紅色到粉紅色，最後，最外兩層皮膚也接合在一起，就像精心裁切完美結合的拼圖一樣。

當我們回到我停車的地方，我的朋友們想要代駕送我回華威（Warwick），他們不希望我使力操縱車子的排檔桿，讓手臂的傷口再度裂開來。不過，我婉拒了，我知道自己會安全地回到家，而我也的確做到了——而且完全沒有一丁點疼痛哦！

第二天早晨我醒來的時候，感覺身心狀況非常美好，我的手臂感覺起來好像是跟人家打了一架似的——我從來沒有被揍過，不過我覺得它感覺起來一定就像這樣！但是我並不感覺疼痛，我的手臂看起來也好極了。

我在床上坐起身，看著我們這美麗的世界沐浴在燦爛的陽光裡，感覺自己好像重生了一般。

無可計量的回報

就如你所看到的，只要持續探索開發心靈的潛能，它就會以無可計量的方式予以回報。心靈控制組織的研究總監威爾弗烈・哈恩（現在的總監是荷西・西瓦的女兒——蘿拉・西瓦）曾說，就這方面來看，**每一個心靈圓夢術的學成者，都會成為他自己的研究總監。**

「還有什麼研究領域，」他問，「可以完全不需要任何昂貴實驗室和先進設備就能進行？人類曾經開的最先進的設備就掌握在你手中和我的一天二十四小時裡：那就是我們的心靈！它是如此超凡，以至於我每次想到它就滿心敬畏。因此，我們全都是自己心靈的研究總監。」

我們現在已經擁有一個躍進的優勢，那就是在現代科學上，心靈研究終於第一次受到了重視。在早期荷西那個時候，一位認真熱誠的研究者經常被當成是不負責任的瘋子，這樣的危險現在已經大大地減少了。

不過話說回來，危險也並不是已經遠離我們而去。有許多正在學習將心靈圓夢術運用於執業上的醫師，以及將夢境控制用於尋找新產品線索的工業科學家們，還有各個階層的男男女女——有一些人曾在本書中以不具名方式出現——他們都說：「別寫出我的名字，我的朋友會認為我瘋了。」

幸好，這種情形已經愈來愈少見了。成千上萬的心靈圓夢術學成者，如今都能驕傲地說出他們利用所受的訓練達到了什麼樣的成果。許多具權威性的醫學期刊，都刊載了關於心靈治療和身心交互影響的科學研究和臨床報告。許多公眾人物，不論男女——如芝加哥白襪隊的成員和表演藝術家們，如卡蘿・勞倫斯、瑪格麗特・皮亞薩、賴瑞・布列登、西萊斯特・霍姆、蘿瑞塔・絲薇特、艾麗西斯・史密斯、和薇琪・卡爾——這些人都曾經公開談到他們的心靈圓夢術體驗。

繼續走下去……

所以，我們究竟該何去何從呢？就往下走完這條令人興奮的自我發現長路吧！隨著每一個新的發現，你將會愈來愈接近這場終極研究計畫的最終目的，就像詩人威廉・布萊克（William Blake）為我們所誦出的這首詩。

「在一粒沙中看見世界，
在一朵花裡發現天堂。
在你的手中掌握無垠，
將每個瞬間化為永恆。」

附錄1

心靈圓夢課程與幕後組織

文／荷西・西瓦

現在，你已經知道心靈圓夢術是怎麼一回事，也大概了解千千萬萬的人們正運用它來完成什麼事。不過，由於這個運動實在傳佈太廣、成長太快，要鉅細靡遺地告訴你每位學成者在這樣的訓練中得到的每一項成就，很顯然是不可能的事。

如果你有認識任何心靈圓夢術學成者，很可能已經聽過許多他們正在享受的種種好處。有些人運用它來增進健康，有些人運用它來協助自己的學業，也有一些人運用在他們的工作事業和家庭關係上……，還有許多人用它來幫助其他人們——只是這點很少被說出來。

有鑑於各種各樣的經驗分享，你可能會懷疑每一位講師開的課程內容是否都不一樣。你錯啦！這門課程在全世界的授課內容都是一樣的。當然，講師是各各不同的，就如你所想的，他可能是一位牧師，也可能是一位前股票經紀人，而且，他們擁有極大的自由，可以用自己的方式來呈現課程內容，包括心靈訓練和練習方法，不過結果都是一樣的。

真正不同的，是那些來參加課程的人們的個別需求。每個人都有不同的問題和需求，所以在結業後，隨著時間過去，他們通常都會把重心放在那些能直接對治他最想解決問題的技巧上。直到其他問題出現時，其他長久被冷落的技巧才會被拿出來使用，但你絕對不會忘記那些技巧，當你需要它們的時候，永遠都可以輕易地回想起來。如果你已經重複閱讀本書的三到十四章，並且開始親身實地練習那些技巧，之後也有再三複習它們，就會知道我說的都是真的。

不過，你很可能還是會想說：「噢，我的問題是這樣那樣，所以我只要專心練習這個部分就好了。」然而，這個課程——包括這些章節中概略介紹的部分——是經過設計，以有其意義的方式結合在一起的。它已經通過研究測試並且累積長期的實戰經驗，**就算是一個看起來不相關的獨立部分，事實上卻能夠加強其他所有的技巧**，不管那是不是你最感興趣的部分。

有一部分的內容，參加課程的人會在一位認證講師帶領下學習到，但在本書中並不會出現。你可能會懷疑，這樣不就改變了課程內容？沒錯，它會以兩種方式改變課程結果：(1)你全部學會的時程會比較慢——在課堂上學成只要四十八個小時，看書學則得花上幾個星期。(2)在團體中的人們彼此之間會有一種能量交流，這是顛峰體驗（或精神「高潮」）P132的主要部分。不過，只要你認真仔細學習我教導、指引你的一切練習，就能夠和心靈圓夢課程的學員一樣——**他們能做的，你也將能做到。**

那些部分之所以會被排除在本書之外，並不是故意要隱瞞你什麼，而是因為那些練習都需要訓練有素的指導員，就這麼簡單。

許多畢業學員發現，在初次體驗這堂課之後，不論間隔多久時間，只要再次重複上一次課程，那些練習和心靈訓練都會變得更加強化、深化。我們非常鼓勵他們這麼做（而且是免費的哦），因此，在一堂典型的心靈圓夢課堂上，會有大約百分之十到二十是重複上課的老學員。

許多人都說，第二次上課的體驗甚至比第一次更強烈。因此，如果你準備要來上這堂課，你的初次體驗將會非常非常的深刻而強烈，因為你已經把本書中所教的技巧都先熟練掌握過了。

接下來，我們會以條列方式約略敘述心靈圓夢術的學員們在課堂上都做了些什麼事。

第一天早晨

09：00 這天一開始，講師會向學員們全面介紹預覽整個課程的內容。

10：20 休息喝咖啡。

10：40 問答與討論時間，接著針對第一次靜坐冥想的細節做詳細的預先講解。

11：30 講師帶領學員們第一次進入禪定，也就是所謂的阿法層（一種深層心靈層次）。學員們可以隨自己的意願扭動或搔癢，不過在這個層次（以及更深的層次）裡，身體其實並不需要那麼多的關注，因為它已經變得很放鬆，更別說它正在經驗「完美的放鬆境界」。

12：00 休息喝咖啡。

12：20 講師引導學員們再次進入禪定，這次更深入，但仍然在阿法層的範圍中。

12：50 問與答時間，全體學員一起分享靜坐冥想的體驗。

13：00 午餐時間。

第一天下午

14：00 講師和大家探討組成物質的基本元素——原子、分子和細胞等，以及人類大腦的進化。此外，也針對「心靈大掃除」的必要性做詳細的探討（第八章）。

15：20 休息喝咖啡。

15：40 講師詳細地解說第三次靜坐冥想的方式，並且搭配「在一天中的任何時間靜坐冥想」P043的技巧。

16：10 學員們進入更深的心靈層次，身體也更加放鬆。

16：40 休息喝咖啡。

17：00 第四次靜坐冥想可以加強前三次的體驗，並預示下次的靜坐冥想——接下來要進入主動的靜坐冥想，開始學習問題解決技巧（第四章）。

17：30 現在，許多學員們都處於前所未有的放鬆狀態，大家彼此分享體驗，並提出問題。

18：00 晚餐時間。

第一天晚上

19：00 介紹三種解決問題的方法：如何不吃藥就睡得好、如何不用鬧鐘即時自然醒來，以及如何克服疲累和睏倦。接下來，由大家自行討論。

20：20 休息喝咖啡。

20：40 在第五次靜坐冥想期間，講師會在學員們進入阿法及希塔層次時，協助他們學習上述這些技巧。

21：10 講師大略簡介第二天的學習排程，然後介紹夢境設計（第七章）以及控制偏頭痛和緊張性頭痛的心靈技巧，接下來讓大家自由發問討論。

22：10 休息喝咖啡。

22：30 以第六次的靜坐冥想來結束一天。在這一天裡，學員們學會了如何在深層的心靈層次中靜坐冥思，以及如何利用這些心靈層次來放鬆自己並解決問題。

第二天早晨

09：00 講師會先簡要復習前一天所學的內容，接著，解釋如何創造並利用心靈螢幕技巧（第三、四章）。接下來，講師會展現並且證明他對於「記憶夾」技巧的掌控與熟練（第五章）。

10：20 休息喝咖啡。

10：40 講師會解釋說明增進記憶的練習，以及在之後的靜坐冥想當中，將重新檢視、復習一切細節。

11：00 第七次靜坐冥想期間——透過快速學法（第六章）——學員們開始記誦「記憶夾」，並且創造出他們自己的心靈螢幕。

11：40 休息喝咖啡。

12：00 接下來是一段簡短的介紹，帶學員們認識「三指成圈」技巧，以及如何運用它來增進記憶（第五章）並加速學習成效（第六章）。

12：15 第八次的靜坐冥想，讓學員們親身體驗「三指成圈」技巧 P065，並教導他們如何運用它。接下來是問答及全體討論時間，看看大家都達到什麼樣的成果，第二天早晨就在這裡結束。

13：00 午餐時間。

第二天下午

14：00 第二天下午一開始，講師會跟大家解釋什麼是「鏡像觀想」（第四章）——一種更精密細微的心靈螢幕，這是主動靜坐冥想裡一個非常重要的問題解決技巧。此外，我們還會討論一種稱為「飄浮之手」的深化運動，以及一種叫做「麻醉手套」的疼痛控制法。接下來，會讓大家提出問題並解答。

15：20 休息喝咖啡。

15：40 問與答時間，然後是第九次的靜坐冥想，讓學員們練習「鏡像觀想」P055，結束後討論成果。

16：40 休息喝咖啡

17：00 第十次靜坐冥想，不過這還不是最深層的一次。在這些更深的心靈層次裡，學員們的「記憶夾」技巧會大為加強，同時也在靜坐冥想中練習「飄浮之手」和「麻醉手套」的技巧。之後的討論時間裡，學員們大都能分享自己的體驗。

18：00 晚餐時間。

第二天晚上

19：00 首先會以一場講座式的討論，除了與學員們一同探討各種不同的宗教，也會討論到一些關於輪迴的研究。接著，講師會解釋「水杯」技巧如何能觸發一場解決問題的夢境。

20：20 休息喝咖啡。

20：40 先來一段簡短的提問時間，接著就讓學員們練習「水杯」技巧。

21：10 講師解釋如何運用心靈圓夢術來戒除你不想要的壞習慣（第九章）。

21：40 休息喝咖啡。

22：00 講師先預告第三天會做的事，接著是一段簡短的問與答時間，然後開始第十一次的靜坐冥想，讓學員們練習掌控壞習慣。最後，由一位心靈圓夢術畢業學員來跟大家解說示範第四天時，如何針對病例進行心靈檢測。學員們將帶著放鬆的心靈和日益強烈的幸福感離開。

第三天早晨

09：00 這將是忙碌的一天，一開始先討論心靈圓夢術與催眠之間的諸多不同點，尤其是針對精神層面的部分，因為學員們即將運用它來發揮作用。接下來是問答時間。

10：20 休息喝咖啡。

10：40 講師告訴學員們，他們即將運用他們的心靈發揮功能，而第一步就是在心靈上把他自己從目前所在之處投射進自己的客廳裡，然後再進入那個房間的南面牆之中（第十二章）。

10：55 進入一次特別深層的靜坐冥想境界，學員們在其中鮮明生動地體驗到「強而有力的感覺投射」，並且把自己投射入自己的客廳，並且進入它的南面牆 P133。

11：40 休息喝咖啡，在這期間，學員們帶著日益高漲的興奮，讓自己對金屬方塊更親近熟絡一些。

12：00 講師向學員們解釋，他們將要在心靈上把自己投射進金屬方塊中，好建立一個參考點。然後，在第十三次的靜坐冥想中，學員們體驗了金屬的顏色、溫度、氣味，以及輕敲時的聲音 P134。接著，是生氣勃勃熱鬧滾滾的體驗分享。

13：00 午餐時間。

第三天下午

14：00 講師事先講解即將體驗到的兩個新練習：把自己投射進活的植物中，以及在時間之流裡自由的往前或往後移動。接下來，會對心靈圓夢術的影響做更深入的探索。

15：20 休息喝咖啡。

15：40 講師先講解第十四次靜坐冥想，然後讓學員在這次靜坐冥想中，想像觀視一棵水果樹在四季中的變化，並且在心靈上將自己投射入它的葉片中 P134。靜坐結束後，大家一起分享體驗心得。

16：40 休息喝咖啡。

17：00 講師預告下一個重要的躍進：這次要進入一個活體動物之中。

17：15 在第十五次靜坐冥想中，學員們要觀視想像一隻小動物，並且在心靈上把自己投射入那隻動物體內 P135。當他們進入那隻動物器官中產生的種種感覺，很快就會在對人體進行心靈檢測時，成為非有用的參考點。

18：00 晚餐時間。

第三天晚上

19：00 為了明天即將要進行的課程——客觀並且可以被驗證的「千里眼」能力，會由一位講師預先幫學員們做一些準備。首先，他們會需要建造一座配備齊全的實驗室（第十二章）。

20：20 休息喝咖啡。

20：40 講師極力激勵學員們在第十六次的靜坐冥想中，練習完全的自由發揮和不設限的想像力，在心靈上創造出他們自己的實驗室和工具 P135。在大部分情況中，這間實驗室基本上會維持好幾年不變，對學員來說，它會成為和客廳一樣親近熟悉的地方。接下來，是熱烈地分享體驗以及自己的實驗室設計。

21：40 休息喝咖啡。

22：00 在明天那個大日子來臨之前，這些即將擁有超感應力的學員們會需要找到他們的顧問者，好在實驗室中有對象可以提出諮詢。講師會解釋如何召喚或創造出他們，並且回答問題。

22：15 第十七次靜坐冥想將令學員們終身難忘：兩位顧問將出現在實驗室中，之後不論任何時候，只要學員有需要，他們就會出現。

22：45 這一天最後的討論總是充滿驚奇！學員們爭相分享他們精采的體驗，許多人對於他們的顧問居然是某某人都感到非常驚訝，還有許多人將擁有非常真實的心靈體驗。

第四天早晨

09：00 講師會先介紹心靈和祈禱療法，並預告即將進行的課程，然後全體討論。

10：20 休息喝咖啡。

10：40 在深層的冥想定境中，學員們在顧問者的協助下，檢視某位朋友或親人的身體部位P139，這初次的體驗將為他們建立未來人體檢測的參考點。

11：40 休息喝咖啡。

12：00 進行第十九次，也就是最後一次的集體靜坐冥想中，學員們將為他們的某位親友完成心靈健檢。

13：00 午餐時間。

第四天下午及晚上

14：00 講師詳細地講解心靈檢測的方法，接著學員們分成兩人一組，開始實地進行檢測工作——一開始學員們可能會充滿懷疑，接著信心逐漸增長，最後，他們將興奮地理解到自己已經成功學會與高靈智慧溝通，並且不論何時何地，只要他們想要，就能自由運用他們的心靈能力。

看過上面這份作習表，你可能會覺得很奇怪，為什麼會有這麼頻繁的咖啡休息時間。事實上，大家喝的咖啡並不多，但是這些休息時間在心靈訓練上有幾個很重要的功能：⑴讓學員們有時間細細深思他們剛剛的心靈體驗；⑵讓大家有足夠的時間彼此認識熟悉，以便發展出一個強力而緊密的團體心靈圈——那是隨著課程進展而日漸增長的集體心靈能量，能增加大家的信心和成功率；⑶讓大家起身伸展運動一下，或是去上個洗手間；⑷最後，也是非常重要的一點，就是讓學員們回到貝塔層次，這能讓他們在之後的靜坐冥想中進入更深層的境界——因為這個原因，許多講師都稱咖啡休息時間為「貝塔時間」。

課程教材大部分是由講師自己開發準備——他們會大量運用自己的背景和經驗，但基本大綱都是由拉雷多總部所提供，而學員們在靜坐冥想中所聽到的所有練習和指示，都是**我本人自行開發寫下，原汁原味，一字不差**。

這些學員結業後，還可以來上一堂為期三天的進階課程，指導講師包括研究總監威爾弗烈・哈恩博士、副總監哈利・麥克奈特、進階訓練總監詹姆斯・尼德罕，以及我本人。這門課闡述了心靈圓夢訓練的理論基礎，並且更進一步提供了其他的一些技巧。

許多心靈圓夢術中心都提供有自己設計的專題研討會，有些會聚焦在心靈檢測，有些則專門針對增進記憶、個人溝通能力、心靈治療，以及創意激發等等。

有些結業學員會組織他們自己的團體——家庭聚會小組，定期在某位會員的家中聚會，一起探討開發靜坐冥想的技巧。

心靈圓夢組織其實是非常單純的團體，我們的最高組織是「心靈導向學公司」，所有的課程，都由遍佈在一百一十個國家中的「西瓦心靈圓夢國際公司」負責教學，它的分支機構「西瓦感應體系」則負則製作錄音帶、輔助教材，研發學員和學成者可以使用的器材設備，並同時管理心靈圓夢書店。「心靈導向學公司」定期出版刊物發送給結業學員，並且負責舉辦大會、進階課程、高階研討會和專題講習；「國際心靈導向學研究公司」負責進行心靈圓夢術的研究，這是一個非營利組織。「ＳＭＣＩ計畫公司」則致力於推廣放鬆研討課程，其中有些人利用生物反饋來為高階主管們量身打造紓壓放鬆計畫。

附錄2

更有效的運用大腦潛能

文／J・W・哈恩博士（西瓦心靈圓夢國際公司的研究總監）

隨著生物反饋技術的引進運用，我們終於證明了，幾乎所有的身體內臟機能都受到人為控制。生物反饋技術的立論基礎是，當我們做出正確反應時，如果能得到即刻的通知（回應），或至少知道自己距離正確回應已經很近了，那我們就能學會做出正確反應。

洛克菲勒大學的心理學家尼爾・米勒博士（Dr. Neal Miller）曾在動物實驗中以獎勵作為反饋機制，證明心跳速率是可以透過自主性控制來改變的，而梅寧葛基金會的艾默・葛林博士也證明了，利用生物反饋，人類可以學會分別控制他們雙手的溫度——一隻手是熱的，另一隻則是冷的。蘭利波特神經精神病學研究所的神谷博士（Dr. Kamiya）做了腦波反饋實驗後，研究人員發現，這些方法確實能夠教導個案學會自主性的將自己的腦波控制在阿法頻率（八至十三赫茲）之間。

其他一些比較不屬於實驗導向的技術，也已經被用於控制體內部器官的運作，例如超覺靜坐技術，就試圖為體內臟器——包括腦部——創造出一種放鬆的狀態。

另一個以全面放鬆及控制腦波為主要目的的系統，就是西瓦心靈圓夢術。凡是上過西瓦心靈圓夢課程的人，都表示自己經歷到一種深層放鬆，並相信他們能夠控制自己的腦波。西元一九七一年，德州聖安東尼奧三一大學的心理學家費德瑞克・布雷納博士（Dr. Frederick J. Bremner）針對這些說法進行了試驗，結果證明，接受這樣的訓練後，人們的確能夠控制他們的腦波，並且在他們想要的時候自由創造出阿法頻率。

這項實驗是選出一組共二十位未受過訓練但自願參與腦波試驗的學生，其中一半以類似俄國心理學家巴夫洛夫（Ivan Petrovich Pavlov）制約狗兒的方式予以訓練，也就是說，當受試者聽到一個咔嚓聲，就會有一道閃光出現，誘發出一種阿法頻率，並且反應在腦波圖上。很快的，這個咔嚓聲就在受試者的腦波圖上，誘發出相同的阿法頻率模式。另外十位受試者則在西瓦先生的指導下，接受心靈圓夢術的訓練。結果顯示，兩組在預測方向時，腦波圖都改變了，也就是說，兩組的腦波圖上，阿法頻率的比例都增加了。

之後他們又做了第二次實驗，這次的受試者是對西瓦心靈圓夢術已經練習得相當熟練的人，結果發現這些受試者可以依自己的意志啟動或停止阿法頻，而且在啟動阿法頻期間還可以繼續對話。另一個更進一步的實驗，則針對那些更精熟西瓦心靈圓夢術的人來進行，這些受試者在超感應力ＥＳＰ（心靈檢測）的練習上都已經有相當的經驗。腦波圖也記錄下他們進行ＥＳＰ運作時的腦波，並且都顯示出阿法頻的密集發生。

從這些研究似乎可以看出，只要經過訓練，人們就能夠學會以一種良好的模式，自主性的控制自己的體內臟器。這點對大腦也同樣適用，只要我們同意某個器官的電流反應，就是其功能運作的指標。這同樣也暗示著，我們需要更多的研究，來找出生理、心理和情緒狀態之間的相互關係究竟為何，以及找出更好的訓練程序，讓心理與生理之間的自我調節達到最大的自主控制。

想更了解西瓦心靈圓夢訓練的重要意義，可以看看針對大腦生理機能的相關研究，比如說洛杉磯神經生物學家羅傑・史佩瑞博士（Dr. Rodger W. Sperry）和他的同事們所做的研究報告。他們和其他科學家們已經找出許多實驗研究和臨床案例的證據，證明人類大腦內部存在有兩個截然不同的意識，能夠同時分別運作。其中一種意識負責處理序列、邏輯等相關活動，包括數學和語言能力等——就功能上而言，這是左半邊大腦皮層上的工作成果；另一種意識則與右半邊大腦連結，負責整合以及非自主性的創造力和直覺思考，比如說對空間和音樂的欣賞等。

左腦意識主掌我們大部分的日常生活，在西方世界中，不論是在教育系統還是在社會態度上，它都比較占優勢；左腦意識是客觀導向的，通常和大部分貝塔腦波活動的生成有關。右腦意識則似乎是主觀的，在我們的教育系統中，通常不會優先考量到它，並且認為它最棒的表現就是藝術；右腦意識一般是伴隨阿法或希塔腦波的散發而出現。

西瓦心靈圓夢術訓練人們在阿法腦波中能持續保有語言及其他貝塔腦波思考活動，同時又讓阿法直觀自然的創造式思考自由發揮，成為一種全面周詳的工作模式，讓左腦和右腦的功能取得更多的平衡分配。這能夠幫助人們在解決問題時，不再只依賴左腦，而能更平均的運作整個大腦——透過刻意加強右腦功能，就能更有效的運用我們的大腦潛能。

各界讚譽
Praise

西瓦向我們證明了：沒有什麼能限制我們的心靈。

——羅伯特・斯蒂爾，《富比士》二〇〇一年年年度企業家、綠山咖啡烘焙公司總裁兼執行長

西瓦心靈圓夢術已經成為阿諾德機構日常工作的一部分，協助我們各方面的工作。

——琳達・阿諾德，廣告公司阿諾德機構的創始人、董事長兼執行長

西瓦的心靈圓夢術……總能幫我解除比賽前的壓力。

——拉塞爾・巴基・登特，職棒選手、一九七八年世界系列賽評為「最有價值球員」

西瓦心靈圓夢術對學習很有幫助，我非常希望將它分享給我認識的所有人們。

——賓德・菲茨，藝術家、賓德・菲茨藝術中心創辦人、NASA演講嘉賓

New Life

New Life